함께 울다, 함께 웃다

함께 울다, 함께 웃다

한센인들에게 삶을 빼앗긴 한 목사의 Missional Life

초판 1쇄 발행 | 2018년 11월 7일

지은이 | 현옥철

펴낸이 | 김금실

펴낸곳 | 북앤미

출판등록 | 2010년 10월19일(제 321-2010-000212호)

주소 | 서울시 서초구 동산로 6길 2, 602호

대표전화 | 070-7766-9500

이메일 | book9500@naver.com

책값은 뒤표지에 있습니다.

ISBN 978-89-966060-8-6 03230

이 도서의 국립중앙도서관 출판시도서목록(CIP)은 서지정보유통지원시스템 홈페이지(http://seoji.nl.go.kr)와 국가자료공동목록시스템(http://www.nl.go.kr/kolisnet)에서 이용하실 수 있습니다.(CIP제어번호: CIP2018034268)

● 한센인들에게 삶을 빼앗긴 한 목사의 Missional Life

함께 울다

Sharing tears,
Rejoicing together

함께 웃다

현옥철 지음

북앤미

추천사

한 의사가 절망 속에서 예수님을 만나 완전히 희망의 사람으로 바뀌었다. 그는 신학을 공부하고 목사가 되었다. 그에게는 새로운 삶의 비전이 생겼다. 전 세계 2천만 한센인들에게 육체의 한센병으로부터의 완전한 치유는 물론, 영혼의 한센병에서도 완전한 치유를 경험케 하는 복음의 능력을 전하는 것이다.

현옥철 목사(의사)는 중국 한센인 마을을 방문하던 중, 자신의 전부를 드려 그리스도의 증인으로 살아가고 있는 김상현 박사를 만나게 된다. 한센인들은 그들의 상처를 싸매주고 아픔을 함께하는 김 박사의 삶 속에서 보이는 예수를 믿고 고백하고 있었다. 현 목사는 복음을 살아낸 그 열매를 보고 복음의 능력을 확신하게 되었다.

현 목사는 김 박사가 했던 것처럼 인도 바르구르에 버려진 한센인들의 상처를 싸매주며 그들의 손을 잡아주었다. 중국에서처럼 인도 바르구르 한센인들이 변하는 것을 지난 8년 동안 목격하고 있다. 치유 받은 그들이 스스로 교회를 세우고 서로를 돌보고 한센인 이웃들에게 복음을 전하는 등 놀라운 기적이 일어나고 있다. 현 목사는 이 지역에서 일어나고 있는 변화를 모델로 삼아 전 세계 한센인들을 살리려는 간절한 기도를 가슴에 품고 있다. 이 감동적인 이야기를 읽고 몸과 마음이 병들어 있는 이웃들을 복음적 삶의 능력으로 치유하는 부흥이 우리에게도 일어나기를 바란다.

김상복 횃불트리니티신학대학원대학교 명예총장

얼마 전 이런 제목의 설교를 한 적이 있습니다. "주님, 왜 자꾸 제 인생에 끼어드십니까?"

그리스도와 개인적으로 크게 충돌하신 경험이 있는 분이라면, 이 질문의 속뜻을 금방 아실 듯합니다. 현옥철 목사와 저도 이 질문과 그 대답의 실존성을 경험한 경력의 소유자들입니다. 한 교회에서 신앙의 한솥밥을 먹으며 지냈던 붕우로서, 기간과 스타일은 달랐지만 인생의 한중간에 급습한 갖은 고초들로 인해 신앙의 성숙과정을 경험한 자로서, 또 결국엔 주의 부르심을 향한 더 적극적인 응답의 표현으로 목회자의 길을 가게 되었던 동역자로서 말입니다. 저는 현 목사로부터 이 책의 원고를 미리 읽고 평하여 달라는 부탁을 받았습니다. 원고를 읽는 내내, 현 목사에게 파고드는 그리스도의 강력한 '침입'의 역사에 깊이 공감하게 되었습니다.

주님, 왜 자꾸 저의 인생에 끼어드십니까? 주님, 왜 자꾸 친구 현 목사의 인생에 끼어드시는 겁니까?

'(주님의) 끼어드시는' 역사적 경험의 원조였던 야곱과 바울의 길을 따라, 현 목사를 비롯해 우리 모두가 아름다운 인생 경험의 후예들이 되기를 바랍니다. 현 목사의 삶과 사역이 담긴 이 책이야말로 우리들의 소중한 열망의 불꽃을 지피는 데 꼭 필요한 불쏘시개가 될 것이라 확신합니다.

김 숭 (Ezra Kim) 새크라멘토 크로스포인트교회 목사

이 책은 평소 사람들이 관심을 갖지 않던 한센인들에 대하여 남다른 이해와 깊은 애정을 담고 있는 책이다. 이 책은 한센인들의 아픔에 관한 이야기일 뿐만 아니라 동시에 그들과 동거동락(同居同樂)하며 내일을 향하여 참된 삶의 의미와 목적을 찾아가는 사람들의 이야기이다.

오늘날 지구촌에는 2천여만의 한센인들이 같은 하늘 아래에서 호흡하며 살아가고 있다. 다만 우리나라는 1990년대에 접어들면서 한센균이 멸균되었다는 정부의 발표로 한센균 보균자 환자는 없게 되었다. 그저 병력자가 있을 뿐이며 한센병은 완치가 가능한 질병이라는 것도 확실하다. 한센인선교회는 인도, 인도네시아, 필리핀, 중국, 아프리카 등 한센인 마을을 찾아가서 한센인들을 치료하고

복음을 전하고 있다. 그들은 하나님이 창조하신 세상의 아름다움을 제대로 느끼고 즐기기는커녕 심대한 고통 속에 살아가고 있다. 무엇보다도 그들이 '결코 벗어날 수 없는 저주의 불치병'이라는 잘못된 생각의 굴레를 벗어나지 못하고 있다. 그러나 이것은 결코 사실이 아니라는 것을 가르치고, 한센병은 치료 가능한, 한갓 피부질환에 불과하다는 것을 확실히 깨우쳐야 할 것이다.

이 사실을 확신하는 사람들이 지금 "움직이기 시작"했다. 그들은 한센인들에게 다가가 이 기쁜 소식을 전하고 직접 상처를 싸매기를 반복하면서 그들의 몸과 마음을 짓누르던 질병을 치료하고 있다. 마침내 한센인들은 복음과 현대 의학의 치유를 통해 몸과 마음을 옭아매던 굴레에서 서서히 풀어지기 시작한 것이다. 한센인 당사자 뿐 아니라 그 가족과 마을로 회복의 기운이 활발하게 번져가고 있다. 이제, 한센인들의 희망적인 이야기가 세상 곳곳으로 번져가고 있다. 그들의 닫혔던 마음이 회복이란 이름으로 서서히 열리기 시작한 것이다. 이 책을 통해서 더욱 확실하게 열려지리라 믿는다.

우리는 복음(Good news)을 소유하고 있다. 예수님처럼 하나님을 사랑하고 이웃을 사랑하라는 복음을 삶으로 살아내는 것은 결코 복잡하고 어려운 것이 아니다. 이 책에 등장하는 평범한 사람들처럼 어려움을 당한 사람을 그냥 지나치지 않고 그에게 다가가서 도우면 된다. 한 사람이 모든 것을 다 해결할 수는 없지만, 작은 시작이 모든 것이 완성되기 위한 첫 단추이기 때문에 중요한 것이다.

그것이 복음의 삶이 가지는 오묘한 능력이요 또 위대한 가치일 것이다. 물론 이 삶을 결단하는 것은 비단 우리의 결단으로서만 가능한 것이 아니며, 오직 성령님의 도우심과 인도하심으로만 가능하다.

하나님께서 우리와 함께하듯 한센인들에게도 하나님이 함께 할 수 있도록 "당신도 하나님의 대사가 되어보지 않으시겠습니까?" 라는 하나님의 초청의 메시지가 들려온다. 그 귀한 발걸음이 되는 이야기가 바로 이 책에 담겨 있다. 직접 읽고 또 전하며, 당신과 또 많은 사람들이 우리의 이웃인 한센인들의 고통을 끊어내는 힘과 지혜의 길이 되리라 확신한다. 할렐루야!

박경진 장로, 한국기독교한센인선교회 고문

현옥철 목사님은 한 마디로 힘을 주는(empowering) 분입니다. 그를 만나는 사람은 그를 통해 꿈 이상의 장래 일을 듣고 보게 됩니다(욜2:28). 현 목사님과 교제를 나누어 온 이래 언제나 그랬습니다. 이번에 그가 출간한 '함께 울다 함께 웃다'는 지금까지 그가 의사요 목사로서 살아온 삶의 증언입니다. 한센인 선교는 한 마디로 '오래 된 새 선교'라고 말할 수 있습니다. 1991년 한국 땅에서 한센병은 종식되었다는 정부의 공식선언이 나오기 이전까지 한센인선교는 선교초기부터 한국교회의 중요한 선교였고, 한국교회는 이 선교를 통해 이웃을 섬기는 예수님의 전폭적인 사랑을 나타냈

습니다. 현 목사님은 한국교회와 성도들의 선교적 열정이 식어지고, 그릇된 안정감에 빠져 허우적대는 지금, 필요한 것이 바로 '오래 된 새 선교' 한센인선교임을 확신하는 분입니다. 그가 궁극적으로 바라는 바는 한센인들을 향한 긍휼의 선교만이 아니라 곧 한국교회, 세계교회의 각성과 변화, 연대입니다. 리차드 니버(N. Richard Niebuhr)가 "기독교의 위대한 개혁은 여태 몰랐던 것을 새로 찾아야 이루어지는 것이 아니다. 그것은 이미 있는 것을 전혀 다르게 보는 이가 있을 때 일어난다"고 했던 바로 그 '이'가 오랜된 새 선교– 한센인선교를 몸으로 실천하는 현 목사님일지도 모른다는 생각이 이 책을 읽으며 더 확신 있게 다가왔습니다. 바라기는 많은 분들이 함께 이 책을 읽고 영적 잠에서 깨어나 선교적 삶을 살라는 새로운 도전에 바르게 응답하게 되기를 간절히 바랍니다.

최효석 목사, 한국기독교한센인선교회 이사장, 감리교회 나눔책방 대표

현옥철 국제의료봉사회 대표를 처음 만났을 때, '한국기독교 한센인선교회'는 40여 년의 선교 활동을 정리하기로 마음을 모아갈 때였다. 이미 한국 사회에는 한센병이 완치되었기 때문에 더 이상의 선교활동은 무리라고 생각을 하고 있었다. 현옥철 대표는 그런 우리에게 눈을 돌려 중국과 동남아시아, 인도의 한센인 형제들을 보게 했다. 소망이란 단어를 거세당한 채 살아가는 수없이 많은 한센인 형제들이 주님의 사랑을 담은 손길을 기다리고 있는 것을 보

게 했다. 그 날 이후 우리는 이들 한센인 선교를 통해 '선교적 삶과 선교적 교회'를 세워가는 새로운 비전의 동역자가 되었다. 이 책은 바로 복음 앞에 자신의 삶을 드려 뜨겁게 응답하고 있는 현옥철 대표의 비전보고서이다. 이 책, <함께 울다, 함께 웃다> 이후에 하나님께서 현옥철목사의 선교의 지평을 어떻게 넓혀가실지 그 생생한 이야기가 벌써부터 기대가 된다.

이광섭 한국기독교한센인선교회 회장, 전농감리교회 목사

한센병 환우들에게 삶을 빼앗겨 버린 삶으로, 더 이상 물러설 곳이 없는 가장 낮은 자리로 내몰린 한센인을 사랑하는 한 목회자의 가슴 뜨거운 사랑의 실천의 기록을 대하면서, 이 시대의 희망을 봅니다.

현목사님과 10년 이상 하나님 나라와 선교를 위해 함께 사역하며 많은 은혜와 간증을 가지게 되었습니다. 분당우리교회 선교부에서 열심히 선교하시는 모습에 많은 도전을 받았으며 국제의료봉사회를 조직하여 전 세계 선교를 위해 헌신하는 모습에 감동을 받았습니다. 국제의료봉사회는 인도와 인도네시아, 중국과 아프리카에 있는 한센인들의 신체적인 측면 뿐 아니라 정서적 경제적 사회적 영적 측면까지 전인적 회복을 돕고 있습니다. 최근 인도의 바르구르 지역 한센인 마을에서는 국제의료봉사회를 통해 치유와 회복과 구원의 역사 등 놀라운 일들이 일어나고 있습니다.

그 누구도 관심을 가지지 않고 가족과 사회, 국가에서조차 버림받은 영혼들에게 찾아가 치료와 위로를 해주고 친구가 되어 주어 복음을 전하는 모습은 수많은 사람들에게 도전과 감동을 주고 있습니다. 앞으로 국제의료봉사회가 세계 선교에 밀알이 되어 전 세계 수많은 한센인들이 구원을 받고 치유되고 회복하는 역사가 일어나리라 확신합니다.

전진배 광교좋은교회 목사

저는 아직도 기억합니다. 몇 년 전 CBMC 조찬기도 모임에서 들었던 현옥철목사님의 한센인을 위한 헌신과 봉사의 눈물어린 간증을 …. 이제는 목소리가 아닌 글을 통해 하나님은 하늘에만 계시는 것이 아니라 한센인을 치료하는 바로 그 간절한 현장에 언제나 현목사님과 전세계 2천만 한센인들과 함께하고 계시다는 생생한 감동을 느낄 수 있을 것 같습니다.

복음의 위대한 능력! 하나님의 말씀이 머리와 가슴으로 파고들어와 뜨거워졌다면 손발을 움직여 "네 이웃을 네 몸과 같이 사랑하라"는 하나님의 명령을 삶으로 살아 내는 것이며, 오늘 우리 모두에게 하나님의 사랑을 실천하라는 위대하고도 강력한 메시지로 들려옵니다.

윤재일 (주)한국종합건축사 사무소 대표이사

누구에게나 돌아보는 것조차 힘겨운 인생의 순간들이 있다. 모든 것이 바뀌었던 1991년 3월30일. 서른 살의 내가 감당하기엔 너무나 큰 환란이 시작되던 때였다.

배신과 속임의 피해를 꼼짝달싹 뒤집어쓰게 되었다. 나는 바닥으로 쳐 박히고 말았다. 그 바닥에서 다시 일어서기까지 20년이 걸렸다. 알았더라면 견뎌낼 수 있었을까 ….

많이 아프고 고통스러웠다. 억울했다. 무엇보다 나 한 사람의 결정이었을 뿐이지만 그로 인한 어려움에 가족 모두가 볼모로 잡혔다는 사실이 괴로웠다. 폭풍을 만나 난파한 채 세상을 부유하는 우리 가족에게 관심을 두는 이는 아무도 없었다. 마치 우리가 보이지 않는 것처럼 세상은 나름의 페이스를 유지한 채 잘도 흘러갔다. 세상에 있지만 세상 어느 곳에도 속하지 못한 채로 고립된 시간들이 이어졌다. 우리는 섬이었다.

그런데 그런 고통 앞에 서서야, 그런 환란을 마주하고서야 그동안 바쁘고 분주하게 움직이던 손과 발이 멈춰졌다. 멈춰선 그 자리에서 내가 무엇 때문에 살고 있었던 것인지를 곰곰이 생각하며 지난날을 돌아보게 되었다. 동시에 어느새 내 삶에서 쉼표와 마침표가 사라졌음을 깨닫게 되었다. 쉼도 매듭도 없이 그저 달려가기만 하다가 고통과 고난을 만나서야 겨우 멈춰 서게 된 자신을 발견하게 하셨다. 바로 하나님이셨다. 그리스도인이라는 이름을 가지고는 있었지만, 이름값은 문패에 매달고 주님을 박대하던 나를, 하나님께서 찾아오신 것이었다.

내가 망하고 나니 사람들은 모두 나를 떠났는데, 하나님만은 사람들을 피해 숨은 나에게 찾아오셨고, 나의 하나님 되심을 드러내 보이셨다. 그리고 깨닫게 되었다. 내게 하나님을 향한 갈망이 있다는 사실을 말이다.

사막 횡단을 하는 여행객들은 종종 탈수로 쓰러져 심각한 상태에 이르곤 한다. 우리가 생각할 때는 물을 찾지 못해 그 지경에 이르렀을 것 같지만, 적지 않은 여행객들에게서 물이 담긴 수통이 발견된다고 한다. 왜 그들은 탈수에 이를 때까지 물을 마시지 않은 것일까? 물을 마셔야 한다는 인식, 갈증을 인지하지 못했기 때문이다. 나의 삶도 마찬가지였다. 썰물이 빠지듯 하나님으로부터 조금씩 멀어진 신앙과 어느새 나의 방식으로 채워가는 삶 속에서 하나님을 향한 갈망을 잃어버렸던 것이다. 시간이 조금 더 흘렀더라면 어쩌면 나도 사막의 여행객처럼 갈증을 느끼지 못한 채 의식을 잃고 쓰러져 버렸을지도 모른다.

다만 나에게 생명을 주신 예수님께서 내 삶이 그리 허망하게 사그라지는 것을 허락지 않으시고 은혜를 주신 까닭에 고난과 고통 속에서 하나님을 갈망하고, 그 분의 생수로 목을 축이는 경험을 하게 되었다.

그 뿐이랴. 나를 향한 하나님의 시그널에 주파수를 맞추며 내게 잇대어주신 특별한 사람들, 바로 한센인들을 만나게 되었다. 하나님은 인생의 굵은 마디마디마다 여러 차례에 걸쳐 신호를 주셨지만, 나의 펄펄 뛰는 자아로 인해 나는 귀가 있어도 듣지 못하고 눈이 있어도 보지 못했다. 그러나 성령의 조명하심과 주님의 인도하심 속에서 새로운 세상을, 새로운 사람들을 마주하게 되었다.

처음에는 그들에게 도움을 주어야 한다고 생각했지만, 지금은 다르다. 우리는 함께, 소망의 항구가 되시는 주님 품안에서 인생이라는 고난의 바다를 항해하는 형제와 자매로 자라가고 있다. 그리스도를 머리로 함께 자라가는 교회됨을 이루어 가고 있다.

지난 8년여 동안 한센병 환우들을 만나고, 치료하며, 삶을 나누었던 시간들은 인생의 특권이자 축복이었다. 어느 날 갑자기 삶에 예고 없이 붙여진 한센병이라는 빨간 딱지 하나로 모든 것을 잃고 쫓겨난 이들, 가족 뿐 아니라 그가 나고 자라 숨 쉬던 모든 관계로부터 철저하게 내쫓긴 이들, 가장 천한 취급을 받으며 주어지는 배식 외에 그 어떠한 것도 제안하거나 요구할 권리 없음이 너무나 당연시 여겨지는 이들…. 그들이 바로 한센인들이었다. 그 쓰고도 처참한 밑바닥을 홀로 헤매는 모습이 얼마나 힘겨울지 나도 조금은 알고 있었다. 칠흑 같은 어두움 속에 갇히고 또 갇히던 나, 가라앉고 또 가라앉던 지난 20년의 시간들이 내게도 있었기에 그들의 무너짐과 깨어짐이 생경한 것만은 아니었다. 그러나 예상치 못했던 그 날에 하나님의 찾아오심으로 내가 건짐을 받았던 것처럼, 이제 한센인들에게 빛이신, 생명이신 예수 그리스도의 오심을 나누어 주께서 그들을 건지시게 하는 일이 남아있다. 그 일에 내가 부르심 받았음을 깨달았기에 지난 8년여간 부지런히 한센인들에게 다가가 포도주와 기름을 붓고 붕대를 싸맸다. 그러면서 전 세계 2천만 한센인들을 향한 관심이, 나아가 그들 모두가 그리스도의 사랑 안에서 회복되기를 바라는 비전이 내 영혼에 뿌리 내리게 되었다.

가나의 혼인 잔치에서 예수님은 기적을 일으키신다. 잔치 한 중간에 포도주가 떨어진 사실을 아신 예수님께서 하인들에게 돌 항아리 여섯에 물을 가득 채우라 명하신다. 술 담는 항아리도 아닌, 손 씻는 물을 담는 항아리에 포도주가 당장 필요한 지금 물을 채우라고 하시는 예수님의 명령이 도무지 이해가 가지 않았을 것이다.

하인들은 영문을 헤아릴 수 없었지만 순종하였다. 그 다음 무슨 일이 일어났는가? 물이 변하여 최상급 포도주가, 모인 모든 사람이 먹고도 남을 만큼 넉넉한 양의 포도주가 되었다. 잔치에 온 사람 모두 맛좋은 포도주로 인하여 기분이 좋았을 것이다. 그러나 여기, 그 기분과는 비교할 수 없을 정도로 희열과 성취감, 기대감을 가지게 된 사람들이 있다. "연회장은 물로 된 포도주를 맛보고 어디서 났는지 알지 못하되 물 떠온 하인들은 알더라"(요 2:9). 바로 돌 항아리에 물을 떠 넣은 하인들이다. "물이 변하여 포도주가 된 사건"의 내막을 아는 하인들의 기쁨, 바로 그 놀라운 기적과 기쁨의 현장에 우리를 세워 두신 것이다.

이 기쁨과 기대감이 날마다 나의 가슴을 뛰게 한다. 날마다 하나님과의 동행을 소망하게 한다. 잔치를 잔치답게 완성하시는 주님, 생명수이신 주님을 먹고 마시는 영생으로의 초대에 하나님은 나를 택하시고 부르셔서 동역할 수 있게 해주셨다. 그리고 모든 열방이 주를 바라고 주님을 찬양하는 그 자리에 한센인들 또한 자리하기를 간절히 바라시기에 주님은 오늘도 나의 평범한 일상을 특별하게 사용하신다. 그 일상의 기쁨을 나 혼자 누릴 것이 아니라 많은 이들이 동참하길 원하여 이 책이 나왔다고 해도 과언이 아니다.

2006년 분당우리교회 이찬수 목사님을 통해 하나님의 말씀으로 예수 그리스도를 통한 구원과 그 감격이 어떠한 것인지, 우리에게 주어진 하나님 자녀로서의 정체성 뿐 아니라 그 분의 후사로서의 특권을 깨달으며 어떻게 이 역할들을 세상 한복판에서 감당할 것인지 숙고하고 적용하는 시간들을 공동체적으로 가질 수 있었던 것은 은혜였다. 그 시절은 양육과 훈련, 적용과 돌아봄으로 가득하다. 그 가운데 풋내 나는 실수들이 많았지만 믿음의 공동체 안에서, 믿음의 지체들을 통해 용납 받고 다시 일어날 수 있었기에 오늘이 모양이라도 갖추게 되었음을 시인하며 감사를 전한다.

중국 상락인애원에서 만난 김상현 박사님은 의사로서, 목사로서 내가 어떻게 살아야 하는지를 보여주셨다. 그의 삶에서는 복음이 그대로 보였다. 끊임없는 기도로 함께해준 죽마고우 김숭 크로스포인트교회 목사는 지난 30년 동안 목회자의 삶이 무엇인지 가르쳐 주었다.

한국기독교한센인선교회 박경진 장로님(고문)과 최효석 목사님(이사장), 이광섭 목사님(회장) 그리고 한국 IDEA 협회의 정상권 장로님(회장)이 계셨기에 한센인 회복 사역의 비전을 포기하지 않고 소망 가운데 맞추어갈 수 있었다. 길의 안내자이자 교사를 보내주신 하나님은 참으로 신실하시다. 무엇보다 지난 5년간, 부족하고 흠이 많은 나를 믿고 따라와 준, 동역해 준 인도 바르구르 복음주의교회의 다니엘 라주 목사와 리더십들, 성도 한 분 한 분의 사랑과 헌신을 하나님께서 기억하시고 복 주시기를 원한다.

불 같은 성격의 나를 말씀의 풀무불과도 같은 횃불트리니티 신학대학원대학교로 인도하셔서 담금질을 시키셨다. 김상복 명예총장님, 이정숙 총장님과 수많은 동기들, 그리고 동문들의 오랜 참음과 믿음으로 나의 모난 것들이 다듬어지고 세상에 내어놓을 최소한의 모양이 갖추어졌다. 계절학기 강사로 뵙게 되어 사역의 전환점을 갖도록 인도자가 되어주신 CHE(복음을 통한 전인적 지역사회 개발선교) 사역 전문가 정길용 선교사님, 한센인 사역의 필요성을 알릴 수 있도록 다리가 되어주신 GMMA(한미의료 선교대회) 피터 정 선교사님과 호주멕킨지한센인선교회의 권순형 권사님, GCM(Global Crossroad Movement)의 송요준 박사님과 이성봉 교수님의 값없는 동역에 감사를 드린다. 좋은 일 도모하기를 기뻐하여 아예 사단법인을 만들어 한센인 회복 사역을 지지하고 후원하는 (사)러브인어스의 유창수 대표, 한센인 치료 전용 차트를 아무 대가 없이 개발해 준 강남대학교 참인재대학 윤성민 이영석 교수님이야말로 정말 멋진 친구들이다.

또한 세상에서 가장 연약한 한센인들에게 먼저 마음을 열고 함께 하나님의 긍휼을 구하며 궂은일을 마다하지 않았던 광교좋은교회(전진배 목사님), 부천선일교회(이판석 목사님), 꿈이있는 미래교회(정요섭 목사님), 한국신학교(양승오 총장님)와 월례기도모임인 한 달란트 기도회의 모든 동역자들, 이름도 빛도 없이 수 년동안 국제의료봉사회를 후원해주신 후원자분들께 마음을 담은 감사를 전한다. 신대원 시절, 기도의 동역자로 만나 국제의료봉사회의 동역자로 함께 섬겨주고 우리에게 행하셨던 하나님의 은혜를 지면으로 엮어준 송혜원 목사에게 고맙다.

끝으로 오늘에 이르기까지 늘 사역을 위해 기도함으로, 눈물로 동역해 준 가장 소중한 아내 영심과 큰 딸 예슬, 사위 충만, 막내 예지에게 특별한 감사를 전하고 싶다. 그들은 모든 상황의 증언자이자 동역자이며 또 힘들고 어려운 시간들을 함께 해준 공동체이다. 나의 천국, 나의 백성, 우리 가족 모두가 있어 행복하다.

오늘도 전세계 2천만 한센인들이 구주 예수 그리스도 안에서 육신 뿐 아니라 영혼까지도 치유함을 받는 전인적인 회복을 꿈꾼다. 중재자이자 화해자이신 예수 그리스도를 통한 회복이 모든 한센인들에게 임하여 창조 때의 원형에 날마다 가까워지길 소망한다.

Save All with My Compassion!

네 앞에 있는 사람의 손을 좀 잡아주면 안되겠니?

인생 여정 중, 우리는 원치 않지만 크고 작은 강도를 만나게 된다. 시내 한복판이라면 그래도 지나가는 사람이나 경찰에게 요청해 도움을 받겠지만 강도를 만난 곳이 지나가는 이가 드문 바다 한복판이라면 어떻게 해야 할까? 누가 언제 지나갈지 알 수 없지만 그렇다 하더라도 끊임없이 구조를 외칠 일이다. 그런데 내가 만난 조난자는 자신들의 조난을 알릴 만한 힘조차 없는 사람들이었다.

2014년 6월, 나는 외진 곳에 쓰러져 사투를 벌이고 있는 인도 남부 바르구르(Bargur) 사람들의 이야기를 전해 듣게 되었다. 이 이야기는 내 인생에 갑자기 훅하고 들어왔다. 생경한 인생들. 바르구르 사람들은 한센병을 만난 사람들이자, 한센병에 인생을 사로잡혀 버린 사람들이었다. 강도의 무리와 같은 한센병 때문에 사람들은 가지고 있던 좋은 것들을 순차적으로, 그리고 남김없이 빼앗겨 가고 있었다. 무슨 일이 일어나고 있는지 분간도 하기 전, 한센병은 사람들을 향해 잽과 훅을 번갈아 날렸고 그들은 제대로 된 방어조차 하지 못한 채 속수무책으로 당하기만 했다. 도무지 이길 수 없는 싸움 같았으며 살 길 또한 보이지 않았기에 그들은 결국 흰 수건을 던지며 바닥으로 쓰러졌다. 이후 그들이 기다리는 유일한 음성은 모든 경기가 끝났다는 것뿐이었다. 고통과 수치와 절망만이 고스란히 남아 있었다.

만약 외딴 곳에서 강도를 만나 사투를 벌이고 있는 어떤 사람의 이야기를 들었다면 당신은 어떻게 하겠는가? 그들에게로 가서 돕겠다는 말이 쉽게 나오지는 않을 것이다. 나도 그랬다. 그러나 만약 당신에게 강도 만난 사람들을 구하고도 남을 힘이 있다면, 거기에 하나 더 얹어 그들이 당신의 가족이라면 빛의 속도로 입장이 바뀐다는 사실에 수긍할 것이다. 관계의 정도에 따라, 우리의 행동은 변하기 마련이다. 베란다에서 떨어지는 딸을 맨 손으로 받아내는 아버지처럼 없던 힘도 생겨난다.

나는 사실 이전에도 여러 차례 한센인들에 관한 이야기들을 들어왔다. 그러나 당시만 해도 나더러 뭘 하라는 것인지 정확히 분간할 수가 없었다. 그런데 2014년 6월은 달랐다. 내 귀에 들어온 강도 만난 한센인들의 이야기는 잡음 없이 분명했으며 무척 또렷했다. 한센인들이 하나도, 둘도 아니고 자그만치 360여 명이나 인생 여정 중에 조난을 당한 상황이었다. 지금 당장 현장으로 진입해야 한다는 종합 상황실의 명령! 그것이 내게 도착한 무전의 전부였다.

나는 바르구르가 처한 긴박한 상황을 주변 친구들에게 나눈 뒤, 구조를 도울 몇몇과 팀을 이루어 바르구르로의 진입을 준비했다. 지금까지 걸어온 모든 시간들이 이때를 위한 것이라는 생각이 들었다. 무엇보다, 그동안 수차례에 걸쳐 안타까움과 탄식 정도로 지나쳤던 한센인들이 그때만큼은 잃어버릴 수 없는 나의 형제요, 자매로 다가왔기에 발걸음을 옮기지 않을 수 없었다. 그리고 마지막으로 바르구르 조난에 관한 긴급구조명령(Save all with Compassion)을 내리신 하나님 앞에서 불복은 항명이었다(요 14:15. 너희가 나를 사랑하면 나의 계명을 지키리라).

SOS (Save Our Sisters and brothers)!
조난 신호 시그널이 점점 더 급박해져갔다.

Capter 1

사랑은 여기 있으니 우리가 하나님을 사랑한 것이 아니요 하나님이 우리를 사랑하사 우리 죄를 속하기 위하여 화목 제물로 그 아들을 보내셨음이라 사랑하는 자들아 하나님이 이같이 우리를 사랑하셨은즉 우리도 서로 사랑하는 것이 마땅하도다 (요일 4:10-11)

훅(hook) 들어왔다,

한센인이 바로 내 옆에 …

그들은 나와 무슨 상관이 있는가

2014년 6월,

푸르른 어둠이 내려앉은 말레이시아 쿠알라룸프 공항.

공항에서 인도 뱅갈로르로 들어가기 위한 비행기를 기다린 지 벌써 여러 시간이 흘렀다. 뱅갈로르에서 또 차로 3~4시간을 더 달려야 바르구르에 도착한다.

바르구르!

내가 이곳을 향하게 될 줄이야! 모든 일이 순식간에 이루어졌다. 그러나 외면적으로 그렇게 보일 뿐, 이 여정은 이미 오래 전부터 예정된 길이었다.

50대 중반, 늦깎이 신학생이 되어 신학대학원 2학기를 지나던 2014년의 2월 어느 날이었다. 얼마 전 엔젤 프로젝트(Angel

Project)의 일환으로 인도 남부 바르구르의 바르구르 마을을 방문했던 신학대학원 동기 한 명이 그 곳의 이야기를 들려주었다.

바르구르 마을은 한센병을 앓고 있는 사람들이 모여 사는 곳이었다. 우리나라의 경우, 이제는 한센병을 가진 사람들을 만나는 일이 쉽지 않다. 그러나 비행기로 몇 시간을 날아가 도착한 인도에는 지금도 셀 수 없이 많은 한센인들이 있으며 그들이 처한 일상은 말로 표현하기 어려울 정도로 절망적이었다. 그 모습을 난생 처음 마주한 인도 엔젤 프로젝트팀이 할 수 있는 최선을 다해 그들을 섬기고 돌아왔지만 지속적인 의료적 돌봄이 필요하다는 생각이 들어 부랴부랴 나를 찾아왔던 것이다.

'한센인'

그들은 나와 무슨 상관이 있는가? 그들은 나와 정말 무슨 인연인가? 돌아보건대, 짧지 않은 시간동안 나는 여러 이유들을 둘러대며 그들을 애써 모른 척 했다. 대학에 갓 입학했던 30여 년 전, 친구들 몇몇이 한센인 마을 봉사를 가자고 했다. 지금은 기억조차 나지 않지만 그 당시에는 무척 분명한 이유를 대며 빠져 나가곤 했다.

아주 어렸을 때, 동네에서 만났던 일그러진 한센인들의 모습, 돌팔매를 당해 마을에서 도망가기 바빴던 그들에게 제 발로 찾아가는 일은 너무 두려웠다. '사람을 외모로 취해서는 안 된다'는 성경 말씀을 알고 있었지만 그것은 단지 성경 속 이야기였다.

나와는 전혀 다른 모습으로 살아가는 그들의 삶이 나와 연결되거나 공존할 수 없을 것만 같았고 무엇보다 한센병에 전염될지도 모른다는 불안감 때문에 그 후로도 기회가 올 때마다 온 의지를 다해 만남을 피하고 또 피했다.

대학을 마치고 젊은 나이에 사업을 시작하게 되었고 얼마 되지 않아 결혼을 했다. 눈에 넣어도 아프지 않을 예쁜 두 딸을 얻었고 시간은 순풍에 돛을 단 듯 부드럽게 흘러갔다. 솜사탕처럼 달달한 봄이 인생에 가득 차오르면서 한센인들을 거절했던 일에 대한 죄책감이나 그들을 품지 못했다는 부담감은 희미해져 갔다. 아마도 시간이 조금 더 흐르면 어느새 눈앞에 한센인들이 보이지 않는 것처럼 내 마음 속에도 그들과 관련한 어떠한 흔적도 남지 않을 것처럼 느껴졌다.

내심 안도했었다.

엔젤 프로젝트(Angel Project): 횃불트리니티 신학대학원대학교 선교 프로젝트. 방학을 이용해 교수와 학생, 동문이 팀을 이루어 전 세계에 흩어져 있는 동문들의 사역 현장을 방문하여 교육, 선교, 봉사활동 및 지역연구를 수행하는 선교훈련 프로젝트.

인생은 내 생각대로 흐르지 않는다

젊은 나이에 주어졌던 성공과 안정은 일순간 만난 인생의 폭풍 앞에서 가차 없이 무너지고 흩어져 버렸다. 네 식구가 함께 살 수 있는 거처도 순식간에 사라졌다. 그동안 어떻게 그토록 당당하고 힘차게, 확신에 찬 채로 인생을 살아왔던가 싶을 정도로 모든 것이 낯설었다.

어디로 가야할지 알지 못했으며 혼란스러웠다. 뭐가 뭔지 도무지 알 수가 없었다. 어디서부터 무엇이 잘못된 것인지 하나씩 확인해 보았다. 지나온 길을 돌아보기 시작하자 얼마 되지 않아 나의 삶에 묻어있는 죄의 흔적들은 쉽게 발견되었다. 아뿔싸! 나쁜 일들이, 부정한 일들이, 불의가 넘쳐났다.

나는 크리스천이었다. 스스로 그리스도께 속한 자라고 믿고 있었지만 그것은 착각이었다. 나의 삶은 하나님의 공의가 아닌 세속적인 불의 한복판에 있었다. 하나님 나라 확장에 이바지하겠다는 슬로건 아래, 나는 모르는 사이 돈을 추구했다. 재물을 어떻게, 어디에 사용할 것인가 만큼 어떻게 모으느냐도 중요한데 그것을 깨닫지 못했다.

불의의 재물은 무익하여도 공의는 죽음에서 건지느니라 (잠 10:2)

나로 인해 가족 모두가 고통을 겪는다고 생각하니 죽을 것 같았다. 그 때! 그 죽음의 자리로 하나님이 찾아오셨다. 하나님은 우리 가정이 하나님의 다스림을 받는 공의의 가정이 되길 원하셨다. 손을 들었다. 하나님 앞에서의 항복과 구조 둘 다를 의미하는 ….

하나님은 특별한 훈련소로 나를 인도하셨다. 바로 중국이었다. 중국으로 떠나는 내 손엔 아무것도 들려있지 않았다. 함께 떠나는 이도 허락되지 않았다. 7년간 홀로 중국에 머무는 동안 가족들 또한 한국 친척집에 뿔뿔이 흩어져 광야의 시간을 보내야 했다. 두 딸은 일찍부터 또래 아이들에 비해 개척자 정신이 유별났다. 아빠 없이 지내온 이때의 영향을 받은 것 같다. 충분히 엇나갈 수 있는 환경이었지만 올곧게 자라 주었다. 하나님의 은혜이다.

중국으로 떠날 당시, 내 몫으로 고스란히 떠안아야 했던 상당한 규모의 빚이 있었다. 도착하자마자, 마음을 가다듬을 틈도 없이 몸이 부서져라 일을 했다. 동시에 하나님이 허락하신 궤적 밖으로 나간 화살들을 확인하고 돌이키는 훈련은 쉴 새 없이 병행되었다. 삶을 누르는 갖가지 고통들이 있었지만 그 길에 다른 이는 없어도 하나님과 다시 함께 하게 되었다는 안도감이 들자, 삶에 드리워졌던 분노와 절망은 천천히 사라지고 대신, 아주 조금씩 감사와 기대의 빛이 느껴지기 시작했다.

그러나 앞날은 여전히 순탄치 않았다. 우여곡절 끝에 다시 시작한 사업이 흥왕할 때 즈음, 중국인 동업자가 모든 것을 털어 도망을 치고야 말았다. 정말 인생이 내 맘 같지 않음을 다시 한 번 절감하고 더욱 의지를 들여 내게 주신 삶이 하나님의 인생으로, 하나님의 도구로 쓰이는 것 외엔 바라는 것이 없음을 고백하게 되었다.

타스 예수, 타스 예수!

인생의 빈 들에 서보니, 사방팔방이 다 막혔으나 유독 막히지 않은 곳이 하늘인지라 고개를 들고 하늘을, 하나님을 바라보는 시간이 많아졌다. 움켜쥔 모든 것들이 손가락 사이로 다 빠져나가는 것만 같던 그 막막한 시절이 무르익을 즈음, 하나님은 일하기 시작하셨다. 하나님의 사람들을 통해서.

첫 번째 일은 나 자신도 몰랐던 나를 알아봐 준 사람과의 인연이었다. 내게 사람을 치료하는 일에 재능이 있다는 사실을 강력하게 확인시켜 준 한 중국인 사부의 격려로 광야 한복판을 거니는 신분임에도 중의사 공부를 하게 되었다.

두 번째 인연은 무명의 중국인 할아버지와의 만남이었다. 그를 만난 곳은 상락인애원이었다. 중국 섬서성의 서안에 위치한 그곳은 한센인 환자들이 머무는 특수 피부과 병원이었다. 한국에서 수년에 걸쳐 수차례 그들과의 마주침을 피하고 또 피했건만 어느새 내 발은 한센인들의 터전인 상락인애원 안에 놓여 있었다.

내가 만난 노인은 꽤 오랫동안 한센병을 앓은 탓인지 온몸에 상흔이 가득했다. 종잇장보다 더 가벼울 것 같은 몸을 겨우 휠체어에 올려놓은 듯 보이는 노인이었는데 그에게서 평온한 웃음을 발견하고 나는 적잖이 놀라 물었다.

"할아버지! 뭐가 그렇게 좋으세요?"

"나? 날마다 사는 게 즐겁잖아!"

"날마다 사는 게 즐거우시다구요? 여기서 사는 게 즐거우시다는 말씀이세요?"

"그렇다마다!"

"뭐가 그렇게 즐거우신데요?"

"예수님이 함께 하시잖아!"

"예수님이요? 할아버지! 그 예수님, 혹시 저에게도 보여주실 수 있으세요?"

"있다마다! 나랑 같이 가!"

도대체 할아버지가 무엇을 보여줄지 너무나 궁금했다. 내 손을 잡아끌어 할아버지가 가리켰던 그 곳에서 세 번째 인연을 만나게 되었다.

"타스 예수, 타스 예수!" (저 분이 예수야, 저 분이 예수야!)

상락인애원 원장 김상현 박사!

노인이 지시하는 손끝에서, 그는 여느 때처럼 한센인의 환부를 소독하고 붕대를 감는 중이었다. 나를 데려간 노인은 분명 그를 가리켜 살아있는 예수라 말했다. 인애원에서 일상을 살아가는 이들에게 그는 의사가 아니라 예수님의 현현이었다. 물론 그가 의도하는 바는 아니었다.

병든 사람들, 굶주린 사람들, 죽음을 향해 가는 사람들 속에 여전히 예수 그리스도가 계심을 알았기에 그 자리로 내려가 예수님을 따라 살았던 것뿐이다.

그는 지난 25년여 동안 중국과 북한에서 장애인과 한센병으로 인해 생의 끄트머리로 내몰린 사람들을 찾아가 동고동락하였다. 죄인 되었던 자신의 삶 속에 먼저 찾아와 생명의 숨결을 불어넣으셨던 예수님을 기억하며 이번엔 그 분이 자리하신 낮고 천한 곳으로 자신이 내려가 그 분을 섬기는 것뿐이었다. 그런 그의 삶을 통해, 그의 섬김을 통해 상락인애원의 사람들은 살아계신 예수님을 만나고 있었다. 예수님과 함께 살게 된 것이다. 예수님을 만나고 누리고 즐거워하는 한센인들은 이미 천국에 살며 천국을 맛보고 있었다.

절망과 어두움 일색이던 한센인들의 삶 한복판에서 김 박사의 삶이 주님의 빛을 받아 반짝이자 소망이 번져갔다. 그동안 말만 앞섰던 나를 돌아보니 부끄럽기 그지없었다. 김 박사의 삶이 통째로 내 삶의 뱃머리에 부딪히는 순간이었다.

더 이상 한센인들과 무관하게 살 수 없을 것이란 직감이 들었다. 고아와 같이 버려진 채 외롭고 아프게 살아가는 한센인들의 삶 한복판에서 나를 기다리고 계시는 예수님을 보았다.

한 사람의 기다림, 기도

세상은 넓다. 아무리 여행을 많이 다닌 사람이라고 해도 가본 곳보다는 가보지 않은 곳이 더 많을 것이다. 엔젤 프로젝트팀의 이야기를 전해 듣고는 몇몇 친구들과 급히 뜻을 모았다. 2014년 6월. 우리가 함께 간 바르구르 또한 세상 속에 있지만 이런 세상이 있나 하는 생각이 들게 하는 곳이었다.

1975년 인도 정부가 한센인을 비한센인으로부터 격리하기 위해 만든 바르구르는 조성 당시만 해도 약 3천여 명이 거주했다. 그러나 변변한 지원 없이 방치만 이어지자 대부분의 한센인들은 살 방도를 찾아 다시 마을을 떠나게 되었다.

현재 마을에 남아있는 한센인들은 약 360여 명. 대부분 거동이 어려운 중증 한센인들이다. 마치 물이 움직일 때에 넣어주는 자가 없어 38년 동안 베데스다 연못가를 떠나지 못한 채로 누워있던 사람들(요 5:7)과 비슷한 처지였다. 살아있지만 생기를 잃은 지 오래 된 사람들이었다.

가장 짧은 소요시간을 택해 비행한다고 해도 인천에서 인도 바르구르까지 족히 15시간이 걸린다. 비행기가 연착이 되는 바람에 26시간이 걸린 적도 있다. 더군다나 바르구르는 인도의 다른 지역에 비해 거의 알려져 있지 않아서 외국인들 뿐 아니라 인도 자국인들의 출입도 많지 않은 다소 폐쇄적인 지역 중 하나다. 그런 곳의 한센인들을 우리가 어떻게 만날 수 있었을까? 도대체 무엇이 우리를 이곳으로 이끈 것일까?

다니엘의 기도!

우리가 바르구르에 오게 된 것은 다니엘이 드린 기도의 응답 중 하나였다. 다니엘 라주(Daniel Raj). 그는 한센인 마을 바르구르를 섬기는 유일한 인도 현지인 목사다. 그도 처음부터 한센인들의 목자를 자청한 것은 아니었다. 내가 그랬던 것처럼 그도 오랜 시절, 한센병과 한센인을 향한 두려움과 불안함 속에서 살았다.

그의 아버지 셀바 라즈(Selva Raj)도 목사였다. 그는 인도 남부의 항만도시인 첸나이에서 오랫동안 한센인들을 섬기다 하나님의 부르심을 받았다. 아버지의 삶과 사역은 가족들을 포함, 주변의 거의 모든 사람들에게서 환영받지 못했을 뿐 아니라 이해조차 받기 힘들었다. 세계적으로 보더라도 신규 한센인 환자 발병 비율이 2위에 해당하는 인도에서 한센인들을 섬기는 일은 다른 일만큼 귀하고 값지지만 다니엘의 아버지는 본향으로 돌아가는 순간까지 세상의 인정은커녕, 변변한 믿음의 동역자 하나 없이 홀로 외롭게 주어진 길을 묵묵히 걸어야 했다.

불가촉 천민에 해당하는 한센인들에게 다가오기를 자원하는 사역자들은 극소수였다. 이마저도 한센병 전염에 대한 두려움에 가로막혀 돌아가기 일쑤였다. 한센인 사역을 곁에서 지켜봐 온 아들 다니엘 또한 그 장벽을 넘지 못하는, 넘지 않으려 의지를 발휘한 1인이었다.

그러던 1996년 7월, 하나님께서 내게 사람을 보내신 것처럼 다니엘에게도 두 사람이 찾아갔다. 그의 신학교 선배 목사들이었다. 당시 다니엘은 뱅갈로르에 있는 코린(Kor-In) 신학교에서 신학을 공부하고 있었는데 마침 한센인 마을에서 사역의 고전을 면치 못하던 선배들이 그래도 다니엘이라면 잠시지만 자신들을 도와 함께 한센인들을 섬길 수 있지 않겠느냐고 여겨 그에게 합류를 간청하게 된 것이다.

'잠시'

아버지 생전에 아버지를 도와 한센인들을 섬기지 못했던 데 대해 죄책감과 부담감이 남아 있던 다니엘은 정말 잠시 그들을 도울 생각으로 그 곳으로 내려가게 되었다. 그 곳! 바로 바르구르였다. 그러나 인생은 늘 생각과 다르게 흐르지 않던가. 그리고 하나님의 시간은 다니엘의 시간과 달랐다.

결론부터 이야기하면, 우여곡절 끝에 선배 목사 둘 다 마을을 떠나게 되었다. 한센인들을 품을 마음의 여력도, 그들의 아픔을 위로할 방법도, 무엇보다 그들과 함께 살 용기와 믿음이 부족했던 어린 다니엘도 얼마 지나지 않아 바르구르를 등지게 된다. 그러나 여기가 이야기의 끝이 아니다.

다니엘이 목사 안수를 받고 얼마 되지 않아 장로들이 찾아왔다. 바로 바르구르의 한센인 장로들이었다. 오랜 병증으로 인해 성한 곳을 찾기가 더 어려운 한센인들이 마을 밖으로 나오는 일은 쉬운 일이 아니었다. 그럼에도 세상의 차가운 눈초리와 물리적으로 가해질 위협을 감수하고 그들이 첸나이까지 온 이유가 있었다. 목자 다니엘을 다시 양들의 마을 바르구르로 데려가기 위해서였다.

탕자의 아버지는 탕자가 돌아오기 전부터, 아니 집을 나가는 순간부터 마을 어귀에서 아들을 기다렸다. 열 닢 드라크마 중 한 드라크마를 잃어버린 여인은 그것을 찾을 때까지 온 집안을 샅샅이 찾고 또 찾았다. 양 백 마리를 가졌으나 한 마리가 울타리 밖으로 나가 길을 잃자 목자는 아흔 아홉 마리를 들에 두고 잃은 한 마리를 찾을 때까지 온 마음을 그 양에게 쏟았다(눅 15).

비록 한 마리일지라도 길 잃은 양을 찾아 나서야 하는 사람이 목자인데, 도리어 당시의 상황은 양들이 집 나간 목자에게 찾아와 집으로 가자고, 가서 다시 자신들을 돌보아 달라고 간청을 하는 격이었다. 부끄러움과 감사가 함께 부어졌다. 다니엘은 두 손을 들었다. 1998년, 하나님은 그의 삶을 안나 나가르로 잇대셨다.

다시 찾아 들어간 바르구르에서의 삶은 처음 마주할 때보다 결코 쉽지 않았다. 알고 맞으면 더 아픈 법이다! 그러나 안나 나가르의 한센인들을 향한 하나님의 마음(His compassion)을 맛보았던 그는 재주도 없는데다 겁까지 많은 자신을 쓰셔서 극명하게 드러날 하나님의 하나님되심과 바르구르에 세우실 그 분의 온전한 나라를 소망하며 그 시간을 인내(롬 5:3, 4)했다. 그리고 이전처럼 무방비로 넋을 놓는 바람에 안나 나가르가 뿜어내는 갖가지 무게에 깔려 혼비백산하는 대신, 예수님의 멍에를 메고자 수고했다. 그렇게 다니엘의 기도가 시작되었다.

시간이 흘렀다. 15년이 넘는 기도가 쌓여갔다. 그리고 2014년 6월, 우리가 안나 나가르에 나타난 것이다. 다니엘의 눈앞에 ….

하나님은 다니엘이 잠시 기도한다고 하여 알라딘의 요술 램프처럼 문지르면 나타나 원하는 소원을 금방 들어주는 대신 그로 하여금 오랜 시간 기도의 자리를 지키게 하셨다. 처음엔 안나 나가르를 향한 하나님의 마음과 계획을 알고 싶어 기도했지만 어느 순간 그의 기도는 하나님과 개인적으로 친밀한 교제를 나누는 기쁨의 시간이 되었다.

날마다 성대한 말씀의 식탁으로 자신을 부르시는 하나님을 예배하는 자유함으로, 그는 바르구르의 한센인들에게 나아갔다. 기쁨과 자유함! 그것은 돈을 주고도 살 수 없는 매우 값어치 있는 것들이었다. 지금도 그렇지만 우리가 나타나기 전 마을엔 한센병으로 인한 염증과 피고름으로 고통 받는 사람들, 먹을거리가 없어 곤궁한 사람들, 소망 없이 멍한 눈망울로 자신을 응시하는 사람들이 차고 넘쳤다.

그러나 기도의 시간, 예배의 시간을 통해 다니엘은 당신의 가족인 바르구르의 모두에게 필요한 모든 것을 베풀어 주시고 무엇보다 구원의 은혜를 주실 유일한 창조주를 먼저 바라보는 목자가 되었다. 그것이 그가 보따리를 싸지 않은 이유였다.

자신이 사람들의 모든 필요를 채울 수 없다는 사실을 알았고, 이후에 오게 될 친구들도 동역자들도 마찬가지라는 사실을 그는 알고 있었다. 하나님만이 그 필요를 채우실 수 있는 유일한 분이셨다. 다만 다니엘은 그 하나님과 동행하는 기쁨과 자유를 마을 사람들에게 함께 연결할 친구를, 다리를 포기하지 않고 기다린 것이다.

Capter 2

하나님이 지으신 그 모든 것을 보시니 보시기
에 심히 좋았더라 (창 1:31)

"우리는"

"아무것도 필요하지 않아요"

"우리는 아무것도 필요하지 않아요"

드디어 바르구르 마을에 도착했다. 전날 한국을 떠난 지, 무려 21시간만이다. 가슴이 두근 반 세근 반. 어떤 사람들이 우리를 기다리고 있을까? 그들을 만나면 처음에 어떤 표정을 지을까? 어떻게 하면 그들과 좋은 시간을 보낼 수 있을까? 너무 많은 사람들이 한꺼번에 우리에게 몰려오면 어떻게 하지? 그들 모두에게 우리가 꼭 도움이 되었으면 좋겠다는 생각 등 수없이 많은 생각과 상상들이 머릿속을 바쁘게 오고 갔다.

마을 어귀, 돌담 위에 걸터앉아 있는 몇몇 노인들의 모습이 보인다. 반갑다. 조금 지나자 나무 그늘 밑에 있는 이도, 또 고장 난 펌프 곁에 서 있는 이도 보인다. 뛰어가고 싶다. 진료소로 사용할 만한 공간에 이르기까지 어림잡아 30여 명은 만난 것 같은데 좀 이상했다. 마치 한 사람을 만난 듯한 느낌이다. 그들 모두 조금의 미동도 없었다. 반응이 없었다. 분명 목소리로 말한 것은 아니지만 온몸을 다해 이렇게 이야기하고 있는 것처럼 보였다.

"우리는 아무것도 필요하지 않아요"

'사람됨'이야말로 관계를 맺고 누리는 데 있다. 분명 바르구르에는 적지 않은 사람들이 있었다. 그러나 안타깝게도 그들은 곁에 있는 서로를 보지 못했다. 그들은 철저히 혼자라고 생각했기에, 그저 덩그러니 살아가고 있을 뿐이었다. 그들도 처음부터 이런 상태는 아니었을 것이다. 오늘에 이르기까지 아마도 서로를 돌아보아도 별 볼일이 없다고 여기게끔 하는 수많은 사건들이 있었기 때문이었으리라. 그리고 무엇보다 사람 사이의 관계가 아무런 소용도 없다고 속이는 사탄의 이간질에 무방비로 노출되며 어느 새 혼자 유리방황하는 존재가 바로 사람이라는 무익하고 불의한 믿음에 갇혀버리게 된 것이다. 그런 상태에서 삶을 지속하기 위해, 더 이상의 상처로부터 자신을 보호하기 위한 최소한의 방어 기제가 세상을 향한, 타인을 향한 그리고 자신을 향한 무관심이었을 것이다.

함께 있으면서도 혼자인 바르구르의 사람들을 나의 눈으로 마주하는 일은 당혹스러움을 넘어 슬픔이었다. 왜 이렇게 된 것일까?

1975년 인도 정부가 한센인을 비한센인으로부터 격리하기 위해 만든 바르구르는 설립 당시만 해도 약 3천여 명이 살았지만 모아만 놓고 변변한 지원조차 해주지 않자 대부분의 한센인들이 살 방도를 찾아 다시 마을을 떠나게 되었다고 한다. 결국 그마저도 할 수 없는, 거동이 어려운 중증 한센인 360여 명만 물 고이듯 남겨진 것이다. 물이 움직일 때에 넣어주는 자가 없어 38년 동안 베데스다 연못가를 떠나지 못한 채로 누워있던 사람들(요 5:7)이 떠올랐다.

우리를 통해 흐르는 하나님의 긍휼

너무나 아픈 나머지 걸어 잠글 수 있는 모든 문들을 걸어 잠그고 자신 안으로 깊이 들어가, 세상 그 무엇과도, 그 누구와도 관계하지 않으려는 성읍이 마치 바르구르 같았다.

그러나 그대로 사그라지기를 바라지 않는 한 분, 그들의 사라짐을 결코 허락지 않으실 한 분이 계셨다. 그들의 병이 낫기를, 그들의 터진 마음이 싸매어지길, 그들이 모두 살아나기를 원하여 주목하고 계시는 한 분! 그들의 아버지 하나님이시다.

하나님이 지으신 그 모든 것을 보시니 보시기에 심히 좋았더라
(창 1:31)

하나님은 사람의 창조와 관련된 모든 일들을 마치시고 다른 때

와 달리 “심히 좋았다”는 표현을 하셨다. 여섯째 날 주님께서 땅에서 생물을 만드셨을 때만 하더라도 "보시기에 좋았더라."(창1:25)고 하셨다. 그러나 하나님의 형상으로 사람을 만드시고 사명을 주시며, 에덴의 동산을 세우셨을 때, 그리고 아담이 이름을 짓고, 이후 결혼의 제도를 세우신 다음에 이르러 주님은 "자신이 만든 모든 것을 보시니 보시기에 심히 좋았더라"고 말씀하셨다.

사람! 하나님께 사람은 존재 자체로 기쁨이었다. 하나님께서 그토록 기뻐하신 그 사람에 지금 우리 눈앞에 보이는 안나 나가르의 한센인들도 포함되어 있음을 기억한다. 보기에도 아까울 정도로 매우 좋았던 하나님의 사람들임에도 하나님을 잃어버렸기에, 불의와 부조리 그리고 절망의 포로가 되어 사는 것이다. 타락한 인간은 하나님을 잃어버렸다는 사실 자체를 망각하기에 그 모순된 상황 속에서 스스로 빠져나올 재간이 없다.

바르구르는 오래 전 하나님의 손을 놓았고 하나님으로부터 돌아섰지만, 하나님은 한시도 그들을 잊지 않으셨다. 뿌리치겠다고 힘차게 휘젓는 손을 여전히 잡고 계셨다. 하나님과 그 사랑으로부터 분리된 채 살아가는 자녀들을 바라보시는 하나님의 마음은 분노가 아닌 안타까움과 긍휼로 가득하다. 그들의 범죄함 때문인데 가슴에 멍은 하나님께만 들어있다.

오직 시온이 이르기를 여호와께서 나를 버리시며 주께서 나를 잊으셨다 하였거니와 여인이 어찌 그 젖 먹는 자식을 잊겠으며 자기 태에서 난 아들을 긍휼히 여기지 않겠느냐 그들은 혹시 잊을지라도 나는 너를 잊지 아니할 것이라 (사 49:14, 15)

우리의 범죄함으로 죄와 가난, 억압과 착취, 질병과 소외로 무너지고 깨어짐이 더해지는 현실의 벽 속에 갇혔건만, 하나님은 그런 우리를 모른 척 하지 않으신다. 하나님은 직접 사람이 되셔서 이 땅으로 찾아오셨다. 하나님과 사람 사이의 막힌 담을 몸소 헐어내셨고 사람과 사람 사이에 관계를 회복시키셨다. 그리고 완전하신 하나님과 그 나라를 꿈꾸도록 하셨다. 발을 디디고 있는 일상에서 말이다.

뿌리를 떠난 지, 잃어버린 지 오래인고로 민들레 홀씨처럼 흩날리다 없어질 듯한 한센인들의 삶에 설 땅이자 기댈 수 있는 든든한 언덕이 되기 원하시는 아버지 하나님의 마음이, 시선이 우리를 통해 바르구르로 흘러가고 있었다.

통각(痛覺)을 잃어버린 고통

바르구르에서 만났던 사람들은 흡사 강도를 만난 지 오래된 사람들처럼 보였다. 그 강도는 다름 아닌 한센병이다. 아무런 예고도 없이 갑자기 들이닥친 한센병은 사람들로부터 많은 것들을 빼앗아 갔다.

한센인들은 수많은 고통을 안고 살아간다. 한센병으로 인한 거절과 배척의 아픔이 정서적·사회적인 고통이라면 신체적으로는 통각(痛覺)을 잃어버린 고통 속에 살아간다. 통각은 통증 감각의 줄임말이다.

한센병이 발병한 초기, 손과 발 또는 신체의 말단은 서서히 마비를 경험하게 된다. 이때 만약 통각이 있다면 이러한 증상을 알아차리고 대처할 수 있다. 그러나 안타깝게도 통각을 도둑맞은 한센인들은 염증과 조직 괴사 등과 같이 심각한 상황이 될 때까지 병의 진행을 눈치 채지 못하는 경우가 대부분이다. 뿐만 아니라 자신이 통각을 상실했다는 사실 자체를 잘 인지하지 못하는 한센인들은, 비한센인들이라면 위험하다고 여겨서 절대 하지 않을 법한 일들을 할 때도 있다.

생의 대부분을 한센병 환자들과 함께했던 폴 브랜드 박사가 전하는 일화다. 한번은 작은 창고의 문을 열려고 하는데 녹슨 자물쇠가 날이 선 채로 잘못 잠가져 여는데 애를 먹었다고 한다. 그때, 한센병과 영양실조를 동시에 앓고 있던 작은 체구의 한 소년이 다가와 한번 씩 웃으며 자물쇠를 만지작거리는 듯 했는데 자물쇠가 열리더란 것이다. 의아함에 고개를 갸우뚱거리다 바닥을 본 박사는 깜짝 놀라고 말았다. 마룻바닥에 떨어져 있었던 소년의 핏방울 때문이었다. 화들짝 놀란 눈으로 소년을 살펴보니 핏방울로 번진 그의 손이 이미 말이 아니었다. 피부와 살과 뼈로 되어있는 부드러운 손으로 날이 선 녹슨 자물쇠를 잡아 돌리는 아픔이 어떠한 것인지 알지 못해 일어난 슬픈 사건이었다. 만약 그에게 통각이 있었더라면 손이 상하는, 그리고 망가진 손을 보며 마음이 내려앉는 일들은 일어나지 않았을 것이다. 한센인들에게 통각을 상실한 고통은 다른 말로 고통을 느끼지 못해 생기는 고통인 셈이다.

우리 삶에서 고통의 흔적들이 간혹 보인다. 때로 우리는 그 흔적들이 우리의 삶에서 자취를 감춰주기를 바라곤 한다. 그러나 우리가 그토록 피하고 싶은 고통이야말로 살아있다는 표현이자 몸이 보호를 받기에 여전히 적합하고 건강한 상태임을 나타내주는 신호라는 사실을 아는가? 하나님과의 관계에 있어서도 마찬가지다.

하나님의 뜻대로 살지 못하는 까닭에 어떤 부대낌이나 이로 인한 통증이 있다면 아직 희망적이라고 할 수 있다. 오히려 더 큰 위기와 절망은 범죄의 반복 속에서 몸과 마음이 무뎌져 반응이 없어져 버리는 영적 무감각 상태, 즉 영적 한센병의 상태이다. 외부로부터 좋지 않은 것들이, 선하지 않은 악한 것들이 침입·점거하고자 시도를 할 때 고통의 방어 체계가 작동되고 있다면 아직 살 길이 있음을 직감하고 소망을 가져도 충분하다. 고통은 살기 위한 신호다. 나를 살리려는 하나님의 시그널이다.

단절

통각을 상실한 한센인들 …. 고통 감각 기관의 이상을 경험하는 이들을 더욱 괴롭게 하는 것은 바로 정서적·사회적 단절로 인한 아픔이다. 한센인들은 한센병에 걸렸다는 이유 하나만으로 어제까지, 아니 직전까지 누렸던 모든 일상으로부터 자신의 의사와 무관하게 강제 격리되어야 했다.

가족에게서, 친구에게서, 그가 살던 마을과 모든 관계 속에서 일순간 잘려졌고 외딴 곳에 버려졌다. 그가 누구인지, 그가 무엇을 할 수 있는지, 그가 어떻게 살아야 하는지 그를 규정하고 가꿔왔던 모든 소망과 기회들을 일순간 도둑맞아 버린 것이다.

사회법에서 누군가 죄인으로 추정이 되면 재판을 거쳐 형이 확정되어야 구속을 집행하는 것이 일반적이다. 그러나 한센인들에게는 이런 단계를 밟는 일조차 허락되지 않았다. 한센병이 확정되는 순간, 타자들의 낙인 세례가 이어진다. 그리고 아무도 책임지지 않는다. 아무도 기억하지 않는다. 이런 일을 계속 겪어온 한센인들의 당혹스러움을, 황망함을, 억울함과 분노를 일반 사람들은 짐작조차 할 수 없을 것이다.

2014년 UN이 발표한 통계에 의하면 전 세계 생존해있는 한센인은 1,400만 명에 달한다. 이들 중 적지 않은 숫자가 공동체로부터 추방을 당하거나 그에 준하는 아픔을 겪었다. 그리고 이러한 고통이 비단 한센인 당사자에게만 국한되지 않고 그들의 가족들에게 전방위적인 고통으로 전가·확장되었다.

무죄인 그들에게 낙인을 찍은 타자로 인해 적게는 수천만이 많게는 수억의 사람들이 일상을 도둑맞은 채 의지할 그 무엇도 없이 고통의 격랑 속에서 허우적거리는 것이다. 일부는 허우적거림조차 멈추었을지도 모른다. 그들을 어떻게 해야 한단 말인가?

그들은 일상을 도둑맞은 사람들이다. 그들에게는 긴급 구조가 필요하다. 누군가 그들에게 달려가야 한다. 자립은 그 다음 문제다. 예수 그리스도께서 완전한 천국에서 우리를 마냥 기다리지 않으시고 긴급히 이 땅에 성육신하여 오셨던 것처럼, 누군가 그들에게 달려가 그들을 건져내야 한다. 누군가를 도우려면 먼저 그들에게로 건너가야 한다.

> 어떤 사마리아 사람은 여행하는 중 거기 이르러 그를 보고 불쌍히 여겨 가까이 가서 (눅 10:33, 34)

나을 수 있는데 나을 수 없다

격리가 가져오는 후폭풍의 심각성은 회복의 모든 기회들을 원천적으로 차단한다는 데 있다. 격리는 실제 지속적인 치료에 필요한 모든 인프라를 끊어버린다. 그렇다면 사람들은 왜 한센인들을 주변으로부터 멀리 떨어뜨려 놓는 것일까? 한센병을 둘러싼 오해와 편견 때문이다. 대개는 한센병이 나을 수 없는 질병이며 전염력이 강하다고 믿고 있다. 그러나 이는 오해와 편견이다. 한센병은 일반적으로 건강한 사람들에게 전염되지 않으며 더욱이 완치가 가능한 병이다. 그러나 셀 수 없이 많은 한센인들이 오해와 편견 때문에 겪지 않아도 될 고통 속에서 일생을 보낸다.

인류 역사상 수천 년 동안 문둥병과 나병으로 불려온 한센병은 "한때" 하늘이 내린 벌이라는 뜻의 천형(天刑)이란 아픈 이름을 가지고 있었다. 그러나 1873년 노르웨이 의사 한센(Gerhard Henrik Armauer Hansen,1841~1912)이 한센병을 일으키는 나균과 "치료법을 인류 최초로 발견하면서" 나병이란 용어 대신 한센병이라는 용어를 채택, 사용하고 있는 것이 세계적인 추세다. 결론부터 말하자면 한센병은 완치가 가능한 일반적인 질병이다. 불치병이나 난치병이 아니라는 의미다.

나균에 감염될 경우, 여러 종류의 항생제(댑손, 리팜핀, 클로파지민 등)를 함께 쓰는 병합 요법을 실시하면 완치된다. 한센병이 전염성 강한 질병으로 분류되었던 시절이 있었다. 그러나 치료를 위한 약제가 개발되고 실제 투여되면서 전염성이 매우 낮다는 임상 결과를 얻게 되었고 실제 1941년 특효약 DDS가 발명되면서 완치가 가능해졌다. 한센병을 초기 발견할 경우, 의료진의 관찰 하에 투약하게 되면 일반 피부질환자와 같이 완치되기 때문에 일상 생활에 전혀 지장이 없다. 또한 병증으로 인한 신체 변형 등의 후유증에서도 자유롭다.

상황이 이런데 정작 교회는 이러한 흐름을 따라가기에 부족함이 있어 안타깝다. 성경에 적혀있던 나병이란 단어를 어렵지 않게 기억할 것이다. 구약의 경우 한센병에 관한 설명은 참혹함, 격리, 멸시로 일관되어 있다. 다른 한편으로는 하나님의 처벌이나 하늘의 벌 등으로 서술된다. 물론 신약에 와서 예수님이 나병 환자에게 손을 대고 깨끗함을 명하신 뒤 그가 나았다는 기적들이 기록되는 등 다른 양상을 보이기도 한다.

그러나 기억하는가? 예수님을 만난 한센인들은 모두 나음을 입었다. 그로부터 2천 년이 지났는데 우리 시대엔 우리의 눈에만 보이지 않을 뿐, 숨겨진 한센인들이 너무나 많다. 의료 기술도, 과학도, 교통도, 거기다 인터넷을 통한 월드와이드맵까지 모두 지난 2천 년 전과 비교해 볼 때 눈부시게 발전을 거듭하였는데 도대체 왜 완치 가능한 한센병은 지구상에서 퇴치·종식되지 않는 것일까? UN이 WHO, 각국 정부와의 공조를 통해 지구상 한센병 퇴치(Global Leprosy Strategy 2016-2020)를 위한 전방위적인 노력에 박차를 가하고 있음에도 한센병이 사라지지 않는 이유가 무엇일까? 한센병 치료제인 MDT를 무상 제공하고 전문 의료인, 행정가들이 총출동하였지만 우리가 아는 것처럼 한센병은 여전히 존재한다.

이것은 시스템의 문제가 아니다. 시스템을 운영하는 사람들이 가지고 있는 고질적인 문제, 죄성으로 인한 문제 때문이다. 일부라고 보기엔 꽤 많은 운용자들이 영적, 도덕적, 윤리적 결함(또는 무감각)을 가지고 있기에 정작 약이 필요한 사람들에게 약과 필요한 예산들이 제때, 무상으로 제공되지 않고 있다. 사명감 결여, 이타적 정신 부족, 만연된 부정부패 등이 약자에게 무상 공급되어야 하는 모든 것들을 가로챈다. 또한 한센병 환자 자체를 수치로 여기는 각국 문화 정서상 한센인 집계가 매우 소극적이다 보니 정확한 실태 파악이 어렵고 당연히 치료나 관리에 있어 사각지대와 허수가 발생한다.

인생을 살면서 모든 고통을 피할 수 없지만, 위험성이나 전염성에 있어 감기보다도 못한 질병 또는 약만 먹으면 전염성이 없어져 일상을 영위할 수 있는 질병인데도 이 사실을 알려주는 이가 없어 주어진 관계로부터 잘려 나가고, 모든 기회로부터 배척되어 인생 자체를 절망으로 채워가는 이가 있다. 얼마나 안타까운 일인가!

선한 사마리아인, 예수

예루살렘에서 여리고로 내려가다 강도를 만난 한 사람이 있었다. 이웃 사랑의 율법에 정통한 제사장도, 레위인도 다 죽게 된 그를 그냥 지나쳐 갔지만, 한 사마리아인만이 그를 보고 불쌍히 여겨 그에게 가까이 다가갔다. 강도 만나 죽게 되었던 그는, 아무도 상종하지 않으려 했던 사마리아인을 통해 죽음에서 생명으로 옮겨졌다.

사마리아인이 뭔가 대가를 바랐을까? 사마리아인은 도상에 쓰러져 있는 그에게서 자신이 취하여 득을 볼 수 있는 것이 아무것도 없다는 사실을 처음부터 알고 있었다. 그러나 그에게 다가와 상처를 싸매어 주었고, 자신이 탈 나귀의 자리를 내어 그를 여관으로 옮긴 뒤 그날 밤을 꼬박 함께 했다.

그 뿐 아니라 다음 날 이른 아침 그곳을 떠나오면서 두 데나리온을 여관 주인에게 쥐어주며 누워있는 저 이가 회복을 하는데 추가로 필요한 것이 있으면 자기가 돌아오는 길에 모두 갚을 터이니 아낌없이 부어주라는 부탁을 잊지 않는다. 조건이 없었다. 이 땅에서 이런 사랑을 할 수 있는 사람이 누가 있을까? 성육신하신 예수 그리스도 뿐이다.

> 우리가 아직 죄인되었을 때에 그리스도께서 우리를 위해 죽으심으로 하나님께서 우리에 대한 자기 사랑을 확증하셨느니라 (로마서 5:8)

선한 사마리아인, 죄의 대가로 죽음의 구렁텅이로 가는 것 외에는 방법이 없는 우리를 구하기 위해 자신의 전부인 생명을 내어놓으신 예수 그리스도시다. 지금 우리가 죽음의 도상이 아닌 생명을 얻고 영생을 누리며 향해 가는 이유 또한 우리의 삶에 구원자로 오신 선한 사마리아인, 예수 그리스도를 만났기 때문이다.

바르구르의 한센인들 또한 마찬가지다. 아무것도 아니고, 아무것도 할 수 없는 제한적이고 불완전한 우리가 그들에게 무언가를 해주는 것이 아니다. 다만 우리를 통로로 한센인들이 예수 그리스도를 만날 수 있기를 바랄 뿐이다.

육체가 가진 한센병이라는 질병을 치료받는 것으로 이 일이 끝나는 것이 아니라 한센병이 고통 그 자체이지만 그 병을 통로로, 우리와의 만남과 사귐을 통로로, 한센인들을 구하러 이 땅에 오신 예수님! 모든 것을 내어주셨던 예수님을 만나는 일이 무엇보다 절실하다.

우리는 이 일이 바르구르에서 일어나길 간절히 바랐다. 그리고 선한 사마리아인을 본받아 보다 많은 형제와 자매들이 예루살렘에서 여리고로 자원하여 내려갈 수 있기를 바란다. 주변에 쓰러진 이웃들을 찾아내는 민감함과 이를 불쌍히 여길 수 있는 마음, 무엇보다 다가갈 수 있는 용기로 사랑하기 원한다.

먼저 만지시고

2천 년 전, 성경 속 한센인들은 예수님을 만났고 모두 병이 나았다! 나는 성경 속 한센인들이 예수님을 만나 어떤 과정을 통해 회복에 이르게 되었는지 주의 깊게 살펴보았다. 물론 2천 년 전 성경 속 기적들이 지금 이 때에 동일하게 나타날 것을 기대하며 동일한 방법으로 무조건 적용을 하려는 것이 아니다. 다만 회복의 이야기에 면면히 흐르는 예수님의 정신과 발자취를 마음에 새기길 원했다.

> 예수께서 산에서 내려오시니 수많은 무리가 따르니라 한 나병환자가 나아와 절하며 이르되 주여 원하시면 저를 깨끗하게 하실 수 있나이다 하거늘 예수께서 손을 내밀어 그에게 대시며 이르시되 내가 원하노니 깨끗함을 받으라 하시니 즉시 그의 나병이 깨끗하여 진지라 예수께서

이르시되 삼가 아무에게도 이르지 말고 다만 가서 제사장에게 네 몸을 보이고 모세가 명한 예물을 드려 그들에게 입증하라 하시니라(마 8:1-4)

1

한 한센병 환자가 그리스도께 나아왔다. 그는 내가 만났던 안나나가르의 한센인들과 달리 낫고자 하는 소망이 있었다. 만약 안나나가르의 한센인들이 한센병이 나을 수 있는 병이라는 사실을 알았다면 상황과 반응은 사뭇 달라졌을 것이다. 마태복음의 한센병 환자처럼 예수님이 능력의 근원이심을 발견할 수 있었다면 안나 나가르의 사람들 또한 예수님 앞으로 나아갔을 것이다. 결국 소망의 근원이신 그리스도를 아는 이들이, 그분의 향기를 전하는 메신저가 되어 연약한 자들 곁에 머물러야 한다. 아무리 설명해도 맡아보지 않은 향기는 실재가 되기 어렵기 때문이다.

2

주님이 시작하신 첫 번째 일은 그에게 손을 대신 것이다. 예수님은 한센인들을 아셨다. 인생 여정에서 한센병이란 강도를 만났다는 이유로 흠씬 두드려 맞고 가진 모든 것을 빼앗긴 채로 도상에 누워 있는 그들의 심정이 어떠한 것인지. 그들에게 몸의 회복, 빼앗긴 물질의 회복도 필요하지만 무엇보다 멍들고 갈기갈기 찢어진 심령,

삶에 대한 불안과 두려움이 그리고 슬픔이 있음을 보셨다. 낫고자 하는 갈망을 가지고 예수님 앞으로 나아온 한센인에게 예수님은 손을 대셨다. 손을 내미는 것은 교제를 청하는 것이었다. 오랫동안 사람들이나 공동체로부터 배척과 거절을 받으며 격리된 채 살아온 그에게, 부정한 자라고 버젓이 낙인이 찍혀있던 그에게 손을 대심으로 고착화된 사람들의 통념을 정면으로 뚫고 나가신 것이다.

3

예수님은 아버지 하나님의 말씀으로 한센병 환자를 치료하셨다. 하나님은 천지의 창조주인 동시에 우리의 아버지시다. 아버지는 자녀된 우리에게 가장 좋은 것을 주기 원하신다. 망가지고 깨어진 우리의 모든 것을 그 분이 지으신 원래의 모습대로 회복시키시길 원하신다. 이 바람은 우리의 바람을 능가하는 것이다. 그런 아버지의 마음을 알고 아버지의 뜻을 행하기 위해 이 땅에 오신 예수님은 그 순간에도 자신의 생각이 아닌 아버지의 말씀으로 한센병 환자를 향해 말씀하셨다. 예수님 안에서 흘러간 하나님의 말씀은 한센인에게 완전한 치유의 열매로 결실되었다.

슬픔과 고통을 일으키는 죄의 문제로부터 모든 이들을 구원하는 하나님의 복음은 하나님의 주도와 주권 하에 선포된다. 2천 년 전, 예수 그리스도를 통해 한센인에게 선포되었던 하나님의 말씀은 지금 이 시대에도 여전히 유효하다. 성경은 모든 그리스도인들이 예수님이 하시는 일들을 할 수 있을 뿐 아니라 그보다 더 큰 일도 할 수 있다고 분명히 기록하고 있다(요 14:12). 그보다 큰 일이 무엇을 의미할까? 그것은 다름 아닌 예수 그리스도 이름의 권세로 복음을 선포함으로써 사람들을 영원한 죽음에서 영원한 생명으로 이끄는 일이다.

이 진리를 마리아처럼 우리의 마음에 두고 우리가 전하는 모든 축복과 섬김과 도움과 디딤들이 한센인 공동체 안에, 한센인 한 사람 한 사람 안에 오직 복음의 씨앗을 심는 일이 되기를 기대하며 발걸음을 옮겼다.

조선의 선한 사마리아인들

이러한 일들이 성경 속 이야기, 2천 년 전 예수님의 이야기 하나뿐이라면 이 글은 이즈음에서 서둘러 마무리를 해야 할 것이다. 그러나 예상하는 것처럼 예수님이 가신 길을 따라 간 사람들이 더 있었다. 예수님은 하나님과 죄인들 사이의 결렬된 사망의 틈에서 생명으로 넘어가는 유일한 다리가 되어주셨다. 예수님을 따라 온 사람들, 다름 아닌 그 다리를 직접 건너간 사람들이다. 그리고 예수님께 나아와 감사로 인생을 내어드린 사람들이었다.

1451년 조선 세종대왕 재위 시절만 해도, 셀 수 없이 많은 한센병 환자들이 이 땅에 있었다. 한센병으로 말할 수 없는 고통을 겪는 백성을 위해 제주도 내 치료소를 설치하였으나 그들의 삶은 질고로 가득했다. 1890년 동학 운동이 한창이던 시절엔 약 2만 명

가량의 중증 한센병 환자들이 있었다고 기록되어 있다.

나라는커녕 그 누구도 이 고단한 인생에 눈길조차 주지 않았다.

그랬던 이 땅이 2017년 기준, 치료가 필요한 양성 한센인의 숫자는 97명으로 추산되고 있다. 물론, 이전에 한센병을 앓았던 병력자는 1만 402명 가량 남아있다. 그러나 이들은 과거에 한센병을 앓았던 '음성 한센병력자'일 뿐이다. 연 단위로 살펴볼 때, 한국의 신규 한센병 발병 인원은 10명 안팎으로 그 숫자가 매우 미미하다.(한국한센복지협회, 성 라자로마을 2016 발간자료. 한센병에 대한 오해와 편견 박지순 기자). 한마디로 한국에서의 한센병은 역사의 뒤안길로의 퇴장을 목전에 두고 있다는 의미이다. 놀라운 일이 일어난 것이다. 어떻게 이런 일들이 가능했을까?

바로 선한 사마리아인들 덕분이다. 강도 만난 자들의 이야기를 듣고, 한걸음에 달려와 주었던 선한 사마리아인들, 선교사들, 그리스도인들 때문이었다. 그들은 예수 그리스도를 마음에 품고 한센인들에게 찾아왔다. 무엇이 진리인지 가르치기도 하였지만, 무엇보다 예수님께서 그들을 선대하셨던 대로 그들도 한센인들을 선대하였다.

당시 비난과 조롱, 천대와 멸시가 가득했던 한센인들의 곁에 선교사들이, 그리스도인들이 몸소 찾아들었다. 차츰 차츰 한센인들의 마음이 열리기 시작했다. 그리고 시간이 흐르며 선교사들의 삶과 입술을 통해 확증되는 하나님 나라를 한센인들 또한 발견하고 누리게 되었다.

모두가 천형이라고 여겼던 한센병을 통로로 한센인들은 구주가 되시는 예수 그리스도를 만났고 하나님의 자녀이자 하나님 나라의 후사로서의 신분을 되찾고 무엇보다 영생을 누리게 되었다. 뿐만 아니라, 이러한 한센인들의 삶은 훗날 더 많은 사람들의 동역과 헌신을 일으키는 도화선이 된다.

한센인 공동체 곳곳에 교회가 세워지고, 교회와 교회가 연합하여 주어진 일상에서 최선을 다해 선한 일을 감당하고자하는 수고들이 늘어갔다. 한센인들의 열심이, 회복을 향한 소망과 인내가 은은한 향기가 되어 퍼져가며 이 일에 민간단체로부터 의료 기관, 종국엔 정부의 협조가 더해진 것이다(한국 한센병 대책의 과거, 현재와 미래에 대한 전략. 가톨릭대학교 한센병 연구소 교수 채규태).

1991년, 한국은 한센병 퇴치의 영예를 안게 된다. 훗날 통계에 따르면 한국의 한센인들 중 97%가 복음화 되었다고 하는데, 이것은 단순히 종교의 구분을 떠나 사람으로서의 존재 가치, 사명을 깨닫고 이에 합당한 삶을 살아가는 자가 되었다고 보는 것이 더 적합할 것이다.

아무것도 바랄 수 없었던 어둠 속에서 작은 빛은 어느 때보다 큰 힘을 발휘한다. 쓰러짐이 어떤 것인지 알기에, 쓰러진 사람을 보고 그냥 지나치지 않고 예수님을 마음에 품은 채 조선으로 와 주었던 소수의 이방인들! 그들이 있었기에 이 땅에 어두움이 그만큼 물러간 것이었다.

악순환의 고리를 끊을 수 있는 힘

한국은 선한 사마리아인이신 예수님과 그 분을 사랑한 수많은 그리스도인들의 나눔과 섬김을 통해 한센병 퇴치라는 큰 선물을 받았다. 현재 한국의 경우, 신규 한센 발병 뿐 아니라 잠복했던 한센인자가 발현하여 한센병 확진을 받더라도 치료제 MDT 복용을 통해 치료가 가능하며, 후유 장애의 방지 또한 가능해 불필요한 차별과 기회의 상실로부터 한센인들을 보호할 수 있다. 그러나 해외는 사정이 매우 다르다. 세계는 아직까지 한센병과 전쟁 중이다.

2014년 세계보건기구(WHO)가 발표한 자료에 따르면 지구상 한센병을 앓고 있는 사람은 약 1,600만 명가량이다. 같은 해 발견된 신규 환자의 수는 213,899명이며 이 중 94%가 13개국에 집중 분포되어 있다. 여기서 주목할 만한 데이터는 13개국 중 인구가 많은

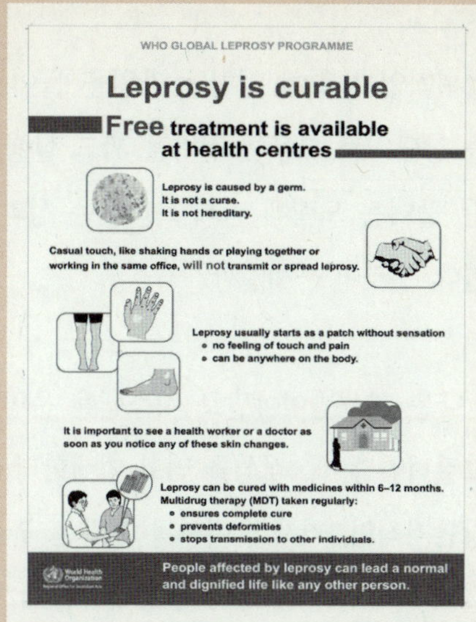

인도 인도네시아 브라질 3개국에서 연간 만 명 이상의 신규 환자들이 속출하고 있다는 점이다. 이 수치는 전 세계에 보고된 신규 환자의 81%를 차지한다.

지구상 수많은 사람들이 질병으로 인해 고통 받고 있다는 사실이 새롭지 않다는 것을 안다. 그러나 나을 수 있는 질병임에도, 치료에 관한 모든 로드맵이 마련되어 있음에도, 심지어 해당 치료제를 국제 사회가 확보해 각국 정부에 무상으로 제공하고 있음에도 해당 질병이 퇴치되지 않고 있으며 많은 사람들이 오히려 고통을 받고 있다면 사정은 달라진다. 한센병이 그렇다.

UN은 WHO와 같은 국제사회, 각국 정부와의 공조를 통해 지구상 한센병 퇴치(Global Leprosy Strategy 2016-2020)를 위한 전방위적인 노력에 엄청난 자원을 들이붓고 있다. 엘리트와 석학들을 장단기로 고용해 전략을 짜고 실행 후 시스템을 정비하고 있지만, 들이는 노력에 비해 드러나는 성과는 괄목할만하다고 보기 어렵다. 무엇이 문제일까?

나는 한센병이야말로 시스템을 운영하는 사람들이 가지고 있는 고질적인 문제, 죄성을 먹고 기생한다고 본다. 한센병 퇴치를 위한 장단기적인, 거시적 미시적 전략은 훌륭하다. 그러나 해당 전략이 실제 한센병을 앓고 있는 당사자들에게 전달되기까지 수많은 운영자들의 손길을 거쳐야 한다. 여기서 조금씩 누수가 생긴다. 일부라고 보기엔 적지 않은 운영자들의 영적 도덕적 윤리적 결함 또는 무감각으로 인해 예산이나 약품이 당사자인 한센인에게까지 전달되지 않는 것이다. 사명감의 결여, 이타적인 정신의 부족, 부정부패만연의 풍토는 사회적 약자에게 전달되어야 하는 권리들을 삼켜버리고도 무척 당당하다.

거기다 한센병 치료를 위한 각국 정부의 소극적 대응 방식도 한몫을 한다. 후진국병이라는 한센병에 대한 인식 때문에 각국 정부는 한센인 숫자를 최소화하거나 숨기기에 열심이다. 그러다보니 공식 수치에 대한 객관성이 떨어지기 쉽다. 사각지대에 놓인 한센인들을 찾으려는 열정이 정부에 있다고 보기는 어려운 상황이다.

의료진의 관리 하에 투약 관찰하고 향후 예방 및 관리의 수순을 밟으면 전염성이 없어져 일상을 영위하는데 아무런 문제가 없는 질

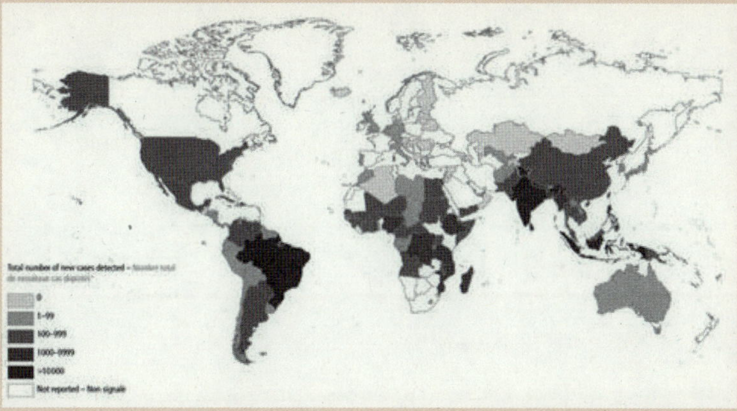

2016년 전세계 신규 한센 환자 지역 분포도
Geographical Distribution of New Leprosy Cases 2016 (WHO)

병. 그러나 이 사실을 제대로 알려주는 이가 아무도 없어 관계로부터 단절되고, 모든 기회로부터 배척되어 인생 자체를 절망에 처박게 되는 것은 악한 일이다. 매우 악한 일이다.

이 거짓의, 악순환의 고리를 끊을 수 있는 힘이, 길이 있다.

네 이웃을 네 몸과 같이 사랑하라 (눅 10:27)

Capter 3

오직 시온이 이르기를 여호와께서 나를 버리시며
주께서 나를 잊으셨다 하였거니와 여인이 어찌 그
젖 먹는 자식을 잊겠으며 자기 태에서 난 아들을
긍휼히 여기지 않겠느냐 그들은 혹시 잊을지라도
나는 너를 잊지 아니할 것이라 (사 49:14, 15)

“제가”

“되살아 났던 것처럼”

"제가 되살아났던 것처럼"

구조대가 코앞에 도착했지만, 사람들은 여전히 반응이 없다. 동행한 다니엘 목사가 마을 이장을 찾아 나섰다. 머리가 하얗게 센, 예순은 족히 넘어 보이는 깡마른 체구의 약간 구부정한 모습의 노인이 눈앞에 나타났다. 다니엘 목사 너머로 보이는 우리를 잠시 쳐다보고 이내 그에게 시선을 돌린다. 아무 말도 없이 서 있자니 괜시리 스무 시간이 넘게 비행기와 지프차를 번갈아 타고 산 넘고 물 건너 와 준 동역자들에게 미안하고 겸연쩍기까지 하다. 다니엘 목사와 이장 사이에 긴 대화가 오고 간다.

잠시 뒤, 이장에게서 이야기를 들은 몇몇이 마을로 흩어졌다. 얼마나 시간이 흘렀을까. 저 멀리 길 끝에 마치 우리네 베옷 비슷한 옷을 입은 마을 사람들이 야트막한 언덕길을 돌아 마을 어귀에 있는 우리에게로 삼삼오오 나아오고 있었다. 기다리던 사람들, 만나고 싶었던 마을 사람들이다! 마을 이장 앞에 사열하듯 자리를 잡고 앉으니 1백여 명이 된다. 아이들이라도 있으면 왁자지껄한 소리에 묻어라도 갈 터인데 여전히 조용하기 그지없다. 흙먼지 날리는 소리가 오히려 더 크게 들리는 것 같다.

이장이 다니엘 목사에게 눈짓하니 그가 그제야 앞으로 나선다. 한국에서 여러분의 치료를 돕기 위해 온 의사들과 친구들이라고 우리를 소개하고 나를 앞으로 부르기에 중앙으로 나갔다. 모두가 나를 쳐다보는데 무감각한 시선들이 내 몸 구석구석에 꽂히는 기분이 들었다. 보고 있지만 보고 있지 않은 기분이 들었다.

그러나 기분에 좌지우지 될 때가 아니었다. 이 시간이 아니고서는, 이 만남이 아니고서는 도저히 모을 수 없는 영혼들이기에 하나님은 비행기로 스무 시간 너머 거리에 살고 있는 우리를 이곳까지 옮기신 것이 아닌가. 내 인생 전체를 그토록 오랫동안 흔들어 깨우셨다. 나 또한 하나님의 그 마음과 섭리를 깨달아가는 중이었다.

그 분의 간절한 마음이, 부족하지만 나를 통로로, 나의 눈이라는 창을 통로로 바르구르 이곳에 전해지길 바라며 한 사람 한 사람에게 시선을 두었다 옮기기를 반복했다. 문안이었다. 그렇게 천천히 눈으로 인사를 전하기를 멈추고 이윽고 입을 열었다.

"여러분을 만나게 된 것은 참으로 기적과도 같습니다. 우리는, 우리의 힘만으로는 만날 수 없는 사람들입니다. 그런데 우리가 어떻게 만나게 된 것일까요? 우리를 여러분에게 보내신 분은 예수님입니다. 그분께서 제 삶에 찾아오셔서 모든 연약함을 담당해 주셨기에 제가 되살아났던 것처럼 그 분은 오늘, 여러분의 삶에도 동일한 일을 행하기 원하십니다."

"……"

"한센병은 치료가 가능한 병입니다."

"……"

놀라운 이야기였지만 사람들은 이번에도 놀라지 않았다. 가장 절실한 소식 앞에서도 여전히 굳게 닫힌 마을 사람들의 마음이 우리를 놀라게 했다. 자신의 위중함을 정작 당사자는 모르는 상황. 우리의 목적이 더욱더 자명해졌다. 바르구르의 모든 사람들이 기쁜 소식을 실로 기쁘게 받을 수 있도록, 받아 누릴 수 있도록 통로의 역할을 하는 것. 우리를 통해 주님이 일하시기를 바라는 마음으로 함께 기도한 후, 가지고 온 짐을 풀어 언뜻 보아도 환부가 심각한 사람들부터 치료하기 시작했다.

멀리 떨어져 눈길을 보냈을 때는 무덤덤하던 사람들도 바로 앞에 마주 앉아 인사를 건네고 통역과 함께 이런 저런 이야기들을 나누다보니 그 무덤덤함은 점차 조금씩 누그러지는 듯했다. 환자들 대부분이 한센병과 후유증으로 인해 감염이 심각한 상태였다. 손, 발, 귀, 눈, 입…. 그들의 온 몸이 고통을 뱉어내고 있었다. 환부마다 칭칭 동여맨 여러 겹의 정체 모를 얇은 쪼가리 천들이 환부와 붙어 있어 그것들을 핀셋으로 하나씩 조심스럽게 떼어냈다. 치료하면서 오랜 병증의 자리를 환자들과 서로 번갈아 바라보며 비슷한 감정이 교차하는 것을 느꼈다. 환자는 속으로 '끝까지 감췄어야 했어. 뭐 좋은 것을 보겠다고 몸을 보였을까'라는 후회와 부끄러움으로 나를 바라보는 것 같았다. 나는 '그가 이 지경이 되도록 무엇을 했나, 내가 조금이라도 더 일찍 이 곳에 왔더라면 그가 이렇게까지 되지 않았을 텐데'라는 후회와 부끄러움이 올라왔다. 그러나 서로 더 버티지 않고 이때라도 만난 것이 은혜라고 생각하며 치료를 시작했다.

수일이었는지, 수개월이었는지 모를 방치와 방관의 세월을 고스란히 담고 있는 환부를 긁어내고 또 긁어냈다. 그런 다음 소독하고 약을 바른 뒤 새하얀 거즈와 도톰한 붕대로 동여매었다. 치료가 끝난 후, 그가 신었던 묵은 때 가득한 신발 속으로 발을 넣고 다시 치료 받으러 왔던 길을 되돌아 걸어간다. 그 모습을 보고 있노라니 가슴 속에서 무언가 묵직함이 느껴진다. 돌아가는 이와 나 사이에 최선이 무엇인가 하는 생각이 들었기 때문이다.

강도를 만났던 사람에게 사마리아인은 다가와 상처에 기름과 포도주를 부은 것으로 일을 끝내지 않았다. 그것은 어디까지나 응급조치였을 뿐이었다. 사마리아인은 자신이 타야 할 나귀의 자리를 강도 만난 이에게 내어 주었고, 그를 여관으로 옮겨 그와 함께 하룻밤을 지냈다. 다음 날 날이 밝기도 전, 그는 여관 주인에게 두 데나리온을 더 주며 혹여라도 무엇이 더 필요하면 자신이 돌아오는 길에 꼭 갚을 터이니 그를 돌봐 달라고 당부를 남기고서야 서둘러 길을 떠났다. 강도 만났던 이는 어떻게 되었을까? 목숨을 건졌을 뿐 아니라 몸이 나아 일상으로 돌아가지 않았을까? 바르구르 또한 응급 처치 이상의 것들이 필요했다.

부활 생명을 심다

이장의 소집에 비자발적으로 마을 어귀로 모였던 사람들 뿐 아니라, 치료를 받고 돌아간 사람들이 전하는 말을 듣고 뒤늦게 온 사람들이 꽤 많았다. 쉼 없이 치료를 마치고 나니 다니엘 목사가 따로 부탁을 한다. 상태가 심각하여 거동이 불편한 환자들을 찾아가 돌봐 달라는 것이다. 환부를 짐작해 본 바, 여럿이 가는 것이 오히려 좋지 않을 것 같아 간단히 짐을 챙겨 소수의 사람들만 다니엘 목사를 따라 나섰다.

마을 주민들이 걸어간 그 길로 가나보다 생각했는데 그곳을 비껴 옆으로 난 좁고 외진 길로 그의 발걸음이 향한다. 동일한 한센병을 앓고 있지만 그 가운데서도 더 심각한 상태의 환자들을 구분하여 다시 격리를 시키고 있었다. 이미 상처가 난 자리에 서로 소금을 붓고 있는 형국이었다. 마음이 쓰라렸다.

한참을 걸어가니 큰 건물 하나가 보인다. 정부가 이 마을에 지어 놓은 병동 24채 중 한 채다. 말이 병동이지 아무것도 없는 시멘트로 된 네모난 축사와 흡사하다. 족히 20여명의 침상이 들어갈 공간이지만, 세 사람이 자리를 깐 바닥에 그냥 누워 있을 뿐이다.

한 눈에 보더라도 모두 중증이다. 한센병 뿐 아니라 이로 인한 합병증과 감염이 심각한 상태였다. 누구도 찾아오지 않고, 아무것도 가진 것이 없는 세 사람이 그저 서로의 안타까운 상황을 응시하며 마지막 호흡을 내뱉고 다시 쉬고 있는 것처럼 보였다.

다니엘 목사가 세 사람에게 안부를 물었다. 그들의 얼굴빛과 목소리는 어둡고 낮았다. 그리고 곁에 서 있던 나를 다니엘 목사가 소개했다. 의사라고. 그 말에 그들의 눈빛이 일제히 나를 향했다. 한센인 마을, 그 중에서도 가장 구석에 처박혀 살아가는 자신들에게 의사가 올 것이라고는 한 번도 생각해 보지 못했던 사람들 마냥 놀란 눈으로 나를 뚫어져라 쳐다보았다.

갑자기 한 사람이 내 손을 부여잡았다. 금방이라도 눈물이 흐를 것 같은 크고 깊은 눈으로 나와 다니엘 목사를 바라보며 다급하게 이야기하기 시작했다. 그것은 그간 차마 입 밖으로 내지 못했던 그의 고통이었고 애절함이었으며 설움의 복받침이었다.

의학적으로 그에게 해줄 수 있는 것이 없어 보였다. 그러나 분명한 이유가 있으셨기에 우리를 이 걸음 끝에 만나게 하셨으리라. 바로 복음이다. 더 이상 미루지 말고 그에게 복음을 나눠야 한다는 생각이 들었다.

만약 그가 복음을 받아들이지 못한다면 이상한 말만 지껄인 미치광이 이방인으로 여기겠지만 그런 생각 때문에 그대로 돌아간다면 하나님과 내가 무관한 사이요, 나야말로 하나님 나라의 이방인이 될 것만 같았다. 그에게 인생의 시간이 얼마 남지 않음을 알고 있는지 물었다. 그가 흔들리는 눈빛으로 고개를 끄덕였다. 그에게 가장 고통스러운 것이 무엇인지를 물었다.

그가 답했다. 상할 대로 상한 이 모습으로 삶이 끝난다는 사실이 억울하다고 했다. 자신이 죽어도 누구 하나 슬퍼해 줄 사람이 없다는 사실이 그에게 큰 슬픔이었다. 나는 슬픔과 고통의 원인이 바로 죄라는 사실과, 이 죄로 인해 하나님과 분리된 것, 이 일들을 원래대로 돌이키고자 이 땅에 오셔서 십자가를 지시고 죄인들을 구원하신 예수님, 그리고 부활하신 예수님에 관한 복음을 나누었다.

무엇보다 이 모든 일들이 지금 상할 대로 상한 한센인 형제를 향한 하나님의 사랑 때문에 일어난 일이며, 예수님을 구주로 영접하는 자에게 부활과 영생이 선물로 주어진다고 이야기했을 때, 그는 입을 벌린 채 나와 다니엘 목사를 번갈아 보았다. 그것이 진짜냐는 눈빛으로. 바르구르의 가장 구석진 곳, 인생의 가장 깜깜한 터널 속에서 그는 빛 되신 예수님을 만났다. 영원한 빛을 약속받았다.

그들을 더 냉담하게 만든 이유

그 후로 며칠 동안 마을에서의 치료가 더 이어졌다. 몇 차례 마을 사람들과 밥을 먹고, 그늘에 앉아 함께 시간을 보냈다. 오고가며 마음을 담아 전한 눈인사가 효과가 있었다. 어느 날, 몇몇 주민들이 수줍은 미소와 함께 먼저 인사를 전해왔다. 마치 뜨거운 태양열이 가득한 도로 한복판에서 시원한 얼음냉수 한 그릇을 받은 느낌이었다. 서로가 서로에게 인사를 하는 것, 안부를 전하는 것, 축복하는 것. 이것은 그리스도인의 특권이다.

시간 나는 대로 다니엘 목사와 마을 구석구석을 돌아보면서 몇 가지 사실을 새롭게 알게 되었다.

첫째로, 우리가 다녀가기 이전에 이 마을을 다녀간 사람들이 꽤 많았다는 것이다. 물론 그 중 한 팀이 바로 우리를 이 마을로 인도

해 준 엔젤 프로젝트팀이다. 그 외에도 바르구르 마을을 찾아 쌀을 나눠주고, 우물을 파주고, 진료를 해 준 사람들이 있었다. 고마운 사람들이었다. 인도 정부도 돌보지 않는 사람들에게 찾아와 선의를 베푼 고마운 사람들이었다. 마을 사람들은 몇 번이고 그들에게 감사를 표했다.

그러나 그들 모두 사진을 찍고 나면 더 이상 어떤 필요도 없는 듯 보였다. 두 번 다시 마을을 찾지 않았다. 그들은 대부분 자기만족을 위해 이곳을 찾은 것이 아닌가 하는, 소외감만 더 부추기는, 괜히 이용당하는 느낌만 받게 한 듯하다. 손을 잡아주기는커녕 힐긋힐긋 쳐다보며 사진 한 장 찍고 떠나는 그들. 이 마을이 생긴 이래 어느 누구도 마을사람들의 손을 잡아준 사람은 없었다.

하나둘씩 주민들이 마음의 문을 닫기 시작했다. 더 이상 사람들이 자신들의 마음에 함부로 상처를 내지 않도록. 그것이 우리를 만났을 때 냉담했던 이유였던 것이다. 닫힌 마음 문을 다시 열어야 했다.

또, 마을 내에 정부가 운영하는 진료소와 그곳을 오고 가는 공중 보건의와 간호사가 있었다. 처음 이 사실을 알았을 때 눈앞에 버젓이 존재하는 한센인들의 심각한 상황이 모순처럼 다가왔다. 그러나 다니엘 목사의 설명을 듣고 이내 이해할 수 있었다. 우선, 보건소의 의료진들은 상시적인 치료나 관련 행위들을 거의 하지 않는다. 필요에 따라 선별적이고 제한적인 의료 행위만 할 뿐이었다.

예산을 지속적으로 배정받기 위해서였다. 바르구르가 있어야 예산을 배정받을 수 있기 때문이었다.

그들에게 있어 마을은 정부의 예산 배정을 위한 터전과 대상, 그 이상도 그 이하도 아니었다. 오히려 한센인들이 사망하거나 낫는 일이 발생한다면 그만큼 배정된 예산이 줄어드는 형국. 그러니 회복을 외치는 외지 출신 이방인들이 곱게 보일 리 만무했다. 혹여, 한센인들이 다 나으면 진료소가 불필요해지고 그 일은 가진 자들의 기득권 상실과 직결되어 있다고 판단했기에 우리와 다니엘 목사를 향해 노골적인 불편함과 불쾌함을 표현하였다.

마을 사람들 대부분이, 한센병이 치료 가능하다는 사실을 알지 못하게 한 가장 큰 방해물이 바로 이들이었다. 실제 마을이 생긴 지 42년이 되었지만, 그 가운데 한센병이 나을 수 있는 질병이라는 사실을 아는 사람도 없었고, 나아서 그 마을을 떠나거나 완치된 삶을 영위하는 경우는 더더욱 하나도 없었다. 충분히 있을 수 있는 일임에도, 마땅히 있어야 하는 일임에도 사람들은 아예 꿈조차 꾸지 못하고 살아가고 있었다. 속고 있었다.

다니엘 목사의 사랑이 생각보다 지극하다는 것도 새롭게 깨달은 사실이다. 그의 하나님을 향한 사랑과 바르구르를 향한 사랑 ….

“꼭 다시 마을을 찾아오겠습니다”

우리는 바르구르에 머물도록 허락된 시간의 끄트머리에 다다랐다.

‘언제 다시 돌아올 수 있을까’
‘떠나기 전, 이들에게 마지막으로 무슨 이야기를 나눠야 할까’

그때, 내 안에 계신 성령께서 나에게 말씀을 주셨다.

> 오직 시온이 이르기를 여호와께서 나를 버리시며 주께서 나를 잊으셨다 하였거니와 여인이 어찌 그 젖 먹는 자식을 잊겠으며 자기 태에서 난 아들을 긍휼히 여기지 않겠느냐 그들은 혹시 잊을지라도 나는 너를 잊지 아니할 것이라 (사 49:14, 15)

그들은 영적으로 젖먹이였다. 이제 막 죽음의 강에서 건져내 가까스로 뭍으로 올려진 자들이었다. 이들을 건져낸 것으로 끝내고 돌아보지 않는다면 유기의 책임을 어떻게 면할 수 있을까? 한 영혼이 천하보다 귀하다고 했는데, 그 많은 영혼들을 도외시한 책임을 어떻게 감당할 수 있겠는가. 서로 사는 땅이 다르기 때문에, 눈에 보이지 않으니 거기까지가 최선이었다고 항변해야 할까.

한국에 벌여 놓은 산더미 같은 일들과 지금 눈앞에 보이는 한센인들이 교차되며 머릿속이 복잡하였다. 그러나 말씀은 정확하게 내가 한센인들을 잊을 수 없을 것이라 말하고 있었다. 그들이 하나님의 태에서 난 나의 형제와 자매들이며 내가 그들에게 젖을 먹이는 어미라 말하고 있었다. 상황과 이성은 강한 어조로 '여기까지가 최선'이라고 피력하고 있었다. 하지만 말씀을 읽으며 마음에 와닿은 생각은 내 영혼을 향해 주님의 약속하심과 이끄심에 맡기라는 것이었다.

'에벤에셀 하나님의 이끄심과 도우심 …'

그것이 이제까지 나를 이끈 힘인 동시에, 이제부터 나를 통해 한센인 공동체 바르구르를 이끌어 가는 근원이 되실 것이라 위로하며 떠나기 전, 마을 주민들을 향해 두 가지를 약속했다. 하나님께서 바르구르를 회복시키실 것과 그 일을 기대하는 내가 다시 마을을 찾아오겠다는 약속이었다. 이런 약속을 할 수 있었던 것은 믿는 구석이 있었기 때문이다. 다니엘 라주 목사! 그야말로 바르구르에 하나님의 젖줄을 대는 어미다. 그들을 묶고 있는 죽음의 결박을 풀고 생명을 대는 하나님의 젖줄. 내가 다시 돌아올 때까지 그가 기진하지 않기를 중보할 책임이 나에게 생긴 것이다. 그 마을을 먹이고 입히시는 하나님을 끝까지 기대하며 바르구르 공동 양육의 짐을 다니엘 목사와 나누어지도록 하나님께서 나를 부르신 것임을 깨닫게 되었다.

의로운 사람이 열 명이라도 있는 성은 하나님께서 그를 생각하여 멸망시키지 않으신다는 말씀이 떠올랐다. 지금은 의인이 손에 꼽을 정도이지만 그 척박한 곳에서 하나님만 바라보았던 다니엘 목사를 통해 결국은 바르구르가 구원의 방주가 될 것이라는 믿음이 생겼다.

한센병은 수직 감염이 아니다

바르구르 안나나가르 한센인 마을에 젊은 여인이 어린아이를 품 안에 안고 있었다. 그의 아빠는 꽤 나이 들어 보였다. 아마도 20살은 차이가 나 보였다.

다니엘 목사에게 물었더니, 그 여인이 한센병으로 확인되자 그 가족들이 이곳에 버려두고 가버렸다고 한다. 젊은 여인은 이곳이 두렵기는 했지만 세상을 헤치고 나갈 힘이 없어서 그냥 여기 머물게 되었는데, 여기서 한 남자 한센인이 이 젊은 여인에게 임신을 시키는 바람에 그 남자와 동거하며 살고 있다고 한다. 그 젊은 여인은 이제 스무 살이 갓 넘은 젊은 여자아이였다. 이미 후유 증상들이 나타나 몸 이곳저곳에서 그 증상들을 보이고 있었다. 그 남편은 족히 20년은 넘게 한센병 환자로 살아 왔던 것이다.

이 두 사람 사이에서 태어난 아이는 무척 건강해 보였다. 아직 제대로 걷지는 못했지만 그래도 매우 똘망똘망해 보였다. 또한 아직 감염 되지 않은 상태라고 한다. 어쩌면 이 아이는 요즈음 태어나서 그래도 의료혜택을 보았다. 지역 보건소로부터 기초 검사와 아울러 필요한 접종을 하고 있으니 말이다. 사실 한센병 환자들끼리 결혼하고 자녀를 낳는다 해도 한센병은 수직 감염이 아니기 때문에 그 자녀들은 건강하다. 얼마든지 건강한 환경에서 키우면 자녀들은 감염되지 않고 건강하게 자랄 수 있다. 그러나 환경이 열악하다면 자녀들도 감염에서 자유로울 수는 없다.

맨처음 바르구르 교회를 방문 했을 때, 교회로 찾아온 어린이들이 꽤 많았다. 어린이들은 조기에 발견하여 치료하고 제 때에 약을 복용하면 후유 장애 없이 완벽하게 한센병을 치료할 수 있다. 비록 사는 것이 너무 열악하여 어쩔 수 없이 감염 되었다 할 지라도 이제라도 발병된 사실을 알고 감염원을 찾아 치료 한다면 그냥 감기 한번 걸리는 수준으로 아무 문제없이 완치될 수 있다.

처음 그곳을 방문하고 한국에 돌아 왔을 때 줄곧 어린이들이 마음에 걸렸다. 그래서 곧바로 다니엘 목사에게 마을 어린이들의 혈액검사를 요청했다. 2차 방문 때 60여명의 어린이가 감염된 사실을 알게 되었고 이들을 집중 치료하여 문제가 없이 완치되도록 관리를 하였다.

이곳의 자녀들을 보호하기 위해서, 치료를 하고 있는 한센인들이 하루빨리 완치되고 재발되지 않도록 하기 위해서 바르구르의 정상적인 영양공급, 비위생적인 생활환경 개선 등은 절박한 과제였다.

Capter 4

우리가 아직 죄인되었을 때에 그리스도께서
우리를 위해 죽으심으로 하나님께서 우리에
대한 자기 사랑을 확증하셨느니라 (롬 5:8)

바르구르 마을에서

예배가 시작되다

바르구르 마을에서 예배가 시작되다

바르구르를 떠나온 뒤 얼마 지나지 않아 다니엘 목사로부터 연락이 왔다. 우리가 다녀간 뒤, 다니엘 목사에게로 와서 질문하는 사람들이 부쩍 많아졌다는 것이다. 정말 한센병이 나을 수 있는 것인지, 어떻게 하면 낫는 것인지, 또 정말 그때 왔던 한국 사람들이 다시 올 것인지, 언제 오는지, 어떻게 하면 예수님을 믿을 수 있는지 등을 물어왔다고 한다. 질문들로 본다면 우리의 방문이 굳게 닫힌 주민들의 마음 문을 여는데 조금은 도움이 되었던 것 같다. 오랫동안 홀로 말씀의 씨앗을 심으러 애쓰고 수고하며 다닌 다니엘 목사의 주변에게로 사람들이 관심을 주기 시작한 것이다.

이 소식을 들으며 나는 다니엘 목사에게 우리가 바르구르를 방문했을 당시 마을 진료 공간으로 사용했던 중앙 공터에서 예배를 드리는 것이 어떻겠냐는 제안을 했다. 그곳은 마을 사람 모두가 익히

아는 익숙한 공간이다. 그곳에서 매일 오전 하루 먹을 양식이 배급되었다. 양식이라고 해봤자 날아갈 듯 가벼운 찐 밥 한 솥과 멀건 국이 전부이지만…. 그러나 그마저도 얻을 수 있는 곳이 없어 사람들은 식구 수만큼 배식을 받을 그릇들을 준비해 한편에 작은 주방이 마련된 중앙 공터로 모인다. 어차피 배식시간에 맞춰 집집마다 최소 한 명씩은 공터로 오게 되니, 조금 일찍 예배를 시작하면 마음이 있는 사람은 일찍 올 테고, 마음이 없는 사람은 지나가다가도 예배를 경험할 수 있을 것이었다.

"No problem!"

며칠 뒤, 다니엘 목사에게서 다시 연락이 왔다. 바르구르 마을에서 예배가 시작되었다는 것이다. 그동안 가가호호 방문하여 돌아보고 살피는 심방 위주의 사역은 해왔지만, 본인도 바르구르가 아닌 첸나이 사람인지라 외지인인 자신이 마을에서 무언가를 한다는 사실 자체가 무척 조심스러웠다고 한다. 그런데 우리의 방문 이후, 마을 주민들의 마음이 부드러워지면서 다니엘 목사의 마을 출입에 대한 저항이 줄어들었단다. 지난 십 수 년 동안 이어졌던 다니엘 목사의 바르구르 마을을 향한 진실한 모습이 결실을 맺는 순간이었다.

예배의 장소는 마을 입구에 있는 중앙 공터였다. 나무 그늘 밑이 예배의 처소가 되었다. 돌담이, 때론 흙바닥이 그들의 의자가 되었다. 고장 나 녹슨 우물 펌프 옆에서 사람들은 처음 듣는 노래를 따라 각자의 박자에 맞춰 박수를 쳤다. 기도를 할 때면 눈을 감은 다니엘 목사보다 더 눈을 꼭 감았고, 다니엘 목사가 힘을 주어 열정적으로 말씀을 전할 때면 큰 손짓 발짓에 놀라 고개를 뒤로 젖히면서도 어두운 귀만큼은 언제나 그를 향했다. 두 명, 다섯 명, 어떤 날은 한 명, 그러다 아홉 명 …. 오는 이들 수는 들쑥날쑥 이었지만 비가 오는 날도, 해가 쨍쨍한 날도, 시간이 되면 누군가는 마을 어귀 공터로 모였다. 시간이 좀 흐르자, 40여 명 남짓한 주민들이 늘 예배의 자리로 나아왔다. 결국 바르구르 사람들도 알게 되었다. 그곳이 하나님께서 자신들을 품에 안고 만나주시는 벧엘이라는 것을.

다니엘 목사와 두 친구의 동역

한센인 공동체를 섬기며 평생 믿음의 삶을 살았던 아버지를 가장 이해할 수 없어했던 아들이 바로 다니엘 목사였다. 자신도 하나님을 믿지만, 아버지처럼 사는 것은 유별나 보였다. 그랬던 그가 십자가 위 예수 그리스도를 자신의 구주로 만나며 인생이 뒤바뀌었다. 그리고 아버지가 평생을 품었던 한센인들을 향한 하나님의 사랑이 자신에게도 있음을 깨닫고 아버지의 일터였던 첸나이보다 훨씬 더 열악한 인도 남부 바르구르의 작은 마을로 들어오게 된 것이다.

자기 말로는 별다른 재주가 없다고 하지만, 그에겐 따뜻함과 밝음이 있고, 인도 사람 특유의 낙천성이 가득하다. 무엇보다 자신의 몸처럼 다른 이들을 살펴볼 줄 아는 믿음이 있었다. 그런 다니엘 목사야말로 소망을 잃고 절망에 갇힌 바르구르에 필요한 사람이었다. 작은 겨자씨와 같은 그의 삶이 바르구르에 심어지면서 마을도 다니엘 목사도 서로 변화를 겪기 시작했다. 무거운 채로 미동도 없었던 마을의 공기가 비로소 조금씩, 천천히 움직이기 시작했다. 다니엘 목사의 걸음을 쫓아가는 시선이 생겨났고, 그의 곁에서 조금 멀찍이 그를 따라 다니는 사람들도 생겼다. 우리네 시골 아이들이 뭔가 볼거리가 있으면 그 뒤를 졸졸 따르듯, 바르구르의 몇 안 되는 아이들도 자신들에게 환한 웃음을 건네주는 다니엘 목사를 반가워했다. 그러다 밥 때가 되면 자신들 먹을 것도 부족한데 그의 몫이라며 내어주는 이도 생겼고, 더운 날 내어주는 사탕수수 한 대에 떨어진 기운을 더해보기도 했다. 해가 뜨고 다시 해가 질 때까지 그렇게 바르구르의 구석구석을 돌며 마을을, 사람들을 살피던 그였다. 그러던 가운데 우리의 방문을 기점으로 예배로 모이는 일들이 시작된 것이다. 우리는 참으로 복이 많은 사람들이었다. 그동안 다니엘 목사가 땀 흘리며 밭에 한가득이던 돌쩌귀들을 걷어내고 이제 막 뿌려진 씨앗을 다지려던 찰나를 놓치지 않고 함께 하게 되었으니 말이다. 사실 힘든 일은 다니엘목사가 그동안 홀로 감당한 것이었다.

그러나 땅을 다지고 씨앗이 잘 자라도록 돌보는 일도 일손이 여간 많이 필요한 것이 아니다. 씨앗이 줄기를 내고 휘어지지 않고 곧게 자라게 하려면 지지대가 필요하다. 마침 그때, 다니엘 목사의 친구인 루번 목사와 사무엘 목사가 동역을 결정하는 기적과 같은 일들이 일어난 것이다. 한센인 공동체에서의 목회 자체가 사역자들 사이에도 이례적인 일이라면, 팀 목회는 더 희귀한 일이었다. 다니엘 목사는 두 사람에게 최소한의 사례조차 할 수 있는 형편이 아니었다. 그런데도 두 사람은 바르구르를 향한 하나님의 마음과 그 마음을 붙들고 오랫동안 마을을 홀로 붙잡고 있는 친구 곁으로 온 것이다. 그 분의 부르심과 보내심, 이들의 순종이 아니고서는 설명되지 않는 부분이다. 이 과정에서 루번 목사의 경우, 사랑하는 아내가 한센인 대상의 목회를 이해하지 못하고 그의 곁을 떠나는 지경까지 몰렸지만 한센인들을 맡기신 주님의 부르심에 순종하며 바르구르를 지켰다.

셋은 서로가 서로에게 모세와 아론, 훌의 역할로 바르구르를 섬겨나가기 시작했다. 겨자씨 한 알로 시작된 하나님 나라가 믿음의 세 줄기를 타고 바르구르로 번져가고 있었다.

생수의 근원 앞으로 나아가다

목마름. 바르구르는 사실 모두가 목이 말랐다. 다만 해갈하려는 의지나 그로 인한 행동들이 겉으로 드러나지 않았을 뿐이었다. 바르구르의 사람들은 한센병이라는 강도를 만나 어느 날 천지가 개벽을 하듯, 모든 것을 완벽하게 한순간에 잃게 되었다. 그리고 깊이 뿌리를 내렸던 삶의 터전과 관계들로부터 단절된 채 바르구르로 보내졌다. 세상 가운데서 세상 사람과 부대끼며 살기에 부적합하다고 판단되어 세상은 이들을 바르구르에 버렸다.

서로가 서로를 의지하며 격려하도록, 사랑하며 살아가도록 지어진 사람에게 있어 존재를 부정당하는 것만큼 아프고 슬픈 것이 없을 것이다. 바르구르가 가진 목마름은 자기 존재를 인정해 달라는 아우성이었다. 사람답게 살고 싶다는 외마디였다.

그러나 거기 모인 모두가 똑같은 목마름을 가지고 있을 뿐, 그 누구도 목마름을 해갈할 만한 넉넉함을 가지고 있지 않았다. 배가 고프다 소리를 쳐도 배고픔이 채워지지 않는다는 것을 알게 된 사람들은 어느 순간 아우성을 그치게 된다. 배고픔이 채워질 것이라는, 목마름이 해갈될 것이라는 소망이 적어도 자신들이 사는 세상엔 주어지지 않았다고 믿게 되었다.

그렇게 오랫동안 가라앉기만을 반복하다 이내 굳어져버렸던 바르구르에 이제, 틈이 생긴 것이다. 그 틈으로 다니엘과 루번과 사무엘이 바람을 타고 오고 간다. 세 사람을 도우시는 성령의 바람이다. 그 바람은 마을 주민들에게까지 보이지 않게 전해졌다. 이전까지 경험하지 못한 바람결이었다. 하나님의 숨결 …. 더 이상 터진 웅덩이 앞에서 망연자실 빈 웅덩이만을 바라보거나 그 앞에 자리를 보전하고 누워 죽기만을 바라기에 그들은 너무나 소중하다. 더 늦기 전에 진정한 생수의 근원 앞으로 나아가야 한다. 그곳에서 생수 그 자체가 되시는 하나님을 만나야 한다. 목이 마르다고 부르짖을 수 있어야 하고, 마른 목을 맘껏 축일 수 있어야 한다.

상처가 났을 때 고통을 느끼거나 물이 없을 때 목마름을 느끼는 것, 그것은 살아있다는 신호이자 축복이다. 목이 마를 때, 빈 웅덩이 앞이 아닌 생수의 근원이신 하나님 앞으로 나아갈 수 있다는 것!

체념에서 벗어나기 시작하다

갈증을 느껴도 아무런 행동도 취하지 않는 체념에 익숙했던 바르구르 사람들. 드디어 이들로부터 목을 축일 물을 달라는 울부짖음이 터져 나오기 시작했다. 마을 사람들이 보기에 날마다 눈도장과 발도장을 신실히 찍으며 마을을 오가는 다니엘과 두 친구들이 그들에게는 발을 뻗을 만한 누울 자리였던 모양이다. 세 사람만 마을에 나타나면 여기저기서 이것을 해달라, 저것을 해달라는 요청이 끊임없는 봇물처럼 터져 나왔다. 세 사람이 신뢰를 얻었다는 증거이니 반가운 소식이다.

쌀을 달라, 붕대를 달라, 물을 달라, 이불을 달라, 돈을 달라…. 마을 사람들의 요청은 육체적인 필요들을 채우는 것이 대부분이었다. 물론 이것들을 틀렸다고 할 수만은 없었다. 다만 편중되었다는 것이 문제였다.

보통 선교사역을 하면서 실수하는 몇 가지 경우들이 있다. 그 중 하나가 영적인 것과 육적인 것을 이분하는 실수이다. 어떤 이는 영적인 사역을 하고 어떤 이는 육체의 필요들을 공급하는 사역을 나누어 맡는 것이다. 그러나 이러한 사역은 단순한 공급 이상의 한계를 넘기가 쉽지 않다.

사람이 어떻게 변화하게 되는가? 아무리 좋은 매뉴얼이나 특정한 가르침이더라도 사람을 전적으로 변화시킬 수는 없다. 누군가가 부족할지라도 곁에서 함께 호흡하며 '전심'을 다해 직접 본을 보여줄 때 변화는 서서히 일어나기 시작한다. 한 사람의 '삶 전체'가 다른 누군가에게 와서 전적으로 부딪힐 때 사람들의 태도와 가치관에 변화가 시작된다. 그것을 아시는 예수님 또한 이 땅에 오셔서 깨어진 사람들을 회복시키시는 일을 하실 때, 모든 필요들을 있는 그대로 인정해 주셨다.

예수님은 사람들이 이 땅을 살면서 겪게 되는 모든 결핍의 자리에 기꺼이 찾아가셔서 부족하고 모자라고 터진 부분들을 싸매어 주셨다. 그 모든 일들은 어떻게 하면 그들이 하나님을 알아갈 수 있는지, 어떻게 하면 그들이 매일의 삶에서 그분의 능력을 힘입어 스스로 세워질 뿐 아니라 다른 이들을 세워가는 삶을 살 것인지 배우고 익히고 또 그렇게 살아갈 수 있게 하는 일에 맞닿아 있었다.

이제 그 일이 다니엘과 두 친구들을 통해 바르구르에 펼쳐질 차례였다. 우선 바르구르 주민들이 쏟아내는 육체적인 필요에 관한 요청들을 외면할 수 없었다. 당장 먹고 사는 것, 입고 신는 것에 대한 그들의 요청은 어느 정도 일리가 있었다. 그것은 그동안 박탈당했던 생존의 권리이기도 했다. 그 요청에 다니엘과 두 친구가 부응할 수 있는 수준까지 부응하되, 그 모든 일들이 단순히 외적인 상태, 즉 물질적이고 경제적인 상태의 호전 정도에만 머물지 않도록, 균형을 잃지 않도록 그들을 돕기로 했다. 긴 회복의 여정이 시작되었다.

바르구르를 위한 동역이 이루어지다

바르구르와 서울 간 거리는 생각보다 멀다. 그러나 우리를 향한 하나님의 이끄심으로 우리는 늘 바르구르에 마음을 두게 되었다. 인터넷의 발달도 한 몫 했지만 무엇보다 하나 되게 하시며 우리 사이에서 교통하시는 성령의 도우심으로 멀리 떨어져 있을지언정 각자가 부르심을 받은 그 자리에서 부지런히 기도하며 움직이며 동역의 끈을 유지할 수 있었다. 메신저를 이용해 수시로 근황을 나누며 동역의 깊이를 더해갔다.

바르구르에서 돌아온 우리는 때를 얻을 때마다 그곳에 관한 이야기들을 여러 사람들과 나누었다. 한센병의 현황과 마을 이야기를 나누고 그리스도인으로서, 교회가 이 일에 함께 하길 바라는 마음이었다. 사람들과 이야기를 나누면 나눌수록 바르구르를 향한 하나님의 기대가 나누는 우리에게 더 많이 부어졌다. 사람들은 동시대에 1천6백만이나 되는 많은 사람들이 한센병으로 고통받고 있다는 사실과 한센병이 나을 수 있는 질병이라는 이야기를 듣고 놀라워했다. 이야기를 들은 사람들은 어떻게 해야 한센병이 우리 시대에 퇴치될 수 있는지를 물어왔다. 늘 우리보다 앞서 가시며 우리에게 회복의 꿈을 주시고, 이를 위한 목표를 알려 주시며 걸음을 멈추지 않도록 독려와 지혜를 부어주신 하나님의 인도하심이 느껴지는 순간들이었다. 이런 만남들이 수차례 거듭되면서 우리는 하나님의 긍휼을 품은 사람들과 바르구르로 나아가는 일에 중요한 역할이 있다는 사실을 깨닫게 되었다. 우리는 여섯 차례에 걸쳐 바르구르를 찾게 되었다.

1차에 해당하는 2014년 6월 방문을 기점으로 2015년 3차 방문까지는 의료 서비스를 중심으로 총체적인 변화의 밭을 일구기 위해 수고하는 기간이었다. 다른 많은 필요들 가운데 가장 시급한 것이 육체적인 건강의 회복이었다. 약 6개월 간격으로 마을을 방문하여 한센인들의 환부를 소독하고 필요한 치료들을 시행했다. 마을 주민들은 한센병이 나을 수 있는 질병이라는 사실을 모르고 있었다. 병의 감염 경로나 치료 방법 또는 예방에 관한 그 어떤 지식도 가지고 있지 않았다. 무지를 틈타 불필요한 감염이 확산되고 있었다. 일례로 한센병은 유전되지 않는다. 다만 나균을 가진 부모가 아이들을 양육하는 과정에서 아이들의 면역력이 저하되어 있다면 감염의 가능성이 있게 된다. 이러한 사실을 알면 비극 또한 사전에 예방할 수 있다.

우리는 마을 주민들을 대상으로 한센병의 치료와 관리를 하는 것 만큼 예방을 위한 교육을 실시했다. 이런 교육의 필요성은 국내 한센인들의 치료와 재활, 사회 복귀에 앞장섰던 한국기독교한센인 선교회를 통한 교류와 동역의 결과였다.

이미 앞선 경험과 성공의 사례들을 가지고 있는 한센인 선교회와의 협력을 기반으로 2015년 5월, 바르구르에 이런 역할을 지속적으로 할 수 있는 소규모의 보건소를 개원했다. 이 공간을 통해 중증 한센인들을 집중 케어함으로써 상태가 악화되는 것을 방지할 뿐 아니라, 정기적인 한센병 관리 및 예방을 위한 교육 공간으로 활용하여 마을 내 질병에 관한 대응 수준을 한 단계 높일 수 있었다. 그러나 얼마 지나지 않아 마을 내 먼저 존재하던 정부 보건소와의 불협화음으로 해당 건물의 사용이 중단되었다. 분명 정부 관계자들과의 사전 협의를 거쳐 동의 후 관련 작업에 착수하였지만 막상 별도의 보건소가 마련되고 난 후 어깃장을 놓는데 속수무책이었다. 그러나, 한센인들 안에 치료와 관리, 예방을 통해 한센병이 다루어질 수 있는 질병이라는 경험과 인식을 심는 데는 성공했다. 마을 주민들은 어떻게 하면 한센병에서 나을 수 있는지 점점 더 궁금해 하고 관심을 가지게 되었다. 이제 마을 안에서 한센병이 치료 가능한 질병이라는 사실을 모르는 사람은 없었다.

인도 해비타트와의 연결

2016년 3월, 특별한 사람들의 4차 방문이 이어졌다. 바로 인도 해비타트 관계자들의 방문이었다. 해비타트(Habitat for Humanity)는 '모든 사람에게 안락한 집이 있는 세상'이라는 비전을 가지고 1976년 미국에서 시작한 비영리국제단체이다. 미국을 본부로 하는 해비타트는 전세계 70여 국가에서 활동하고 있으며 인도에도 지부를 두고 있다. 2016년까지 180만 채 이상의 집을 세워 약 980만명의 사람들로 하여금 새로운 희망을 꿈꾸는 일을 지원해왔다.

한센병의 경우, 의료진의 치료와 관리를 통해 완치에 이르렀다고 하더라도 환자의 면역력이 떨어지면 재발될 가능성이 있다. 결국, 기본적인 면역력을 지속적으로 유지하면서 살아갈 수 있도록 주변

환경을 함께 개선하는 일이 필요하다. 바르구르의 주민들이 머무는 주택 대부분은 말이 집이지, 사실상 사람이 거주하기엔 부적합한 시설이 대부분이었다. 지푸라기로 얼기설기 지어놓은 쓰러져가는 무언가가 그들의 고단한 육신을 눕힐 수 있도록 허락된 유일한 자리였다. 일부는 정부가 42년 전 지어놓았던 축사와 같은 시멘트 건물을 거처로 사용하고 있었다.

우리는 바르구르가 직면한 안타까운 상황을 먼저 한국 해비트타에 전했다. 이후 한국 해비타트가 직접 국제 본부를 통해 인도 해비타트에 협력을 요청하며 바르구르 현장 답사와 미팅이 이루어지게 된 것이다. 현장에서 만난 인도 해비타트 담당자들은 인도에 수많은 한센인들이 있다는 사실과 해당 질병이 완치 가능하다는 사실을 듣고 매우 놀라워했다. 뿐만 아니라, 자국민도 돌보지 않는 한센인들을 돌보기 위해 한국에서 일부러 사람들이 시골 구석인 바르구르를 여러 차례 방문했다는 사실에 겸연쩍음과 감사함을 동시에 가졌다. 한센인들이 가지고 있는 뿌리깊은 가난의 고리를 끊을 수 있는 기본적인 해결책이자 한 가족이 존재할 수 있는 따뜻한 보금자리로서의 집에 대한 설명을 들으며 동역에 대한 강한 의지를 표현해왔다. 세상이 눈길조차 주지 않았던 구석진 한센인 공동체에 한 줄기 큰 빛이 갑자기 들어오는 것처럼 느껴졌다.

그러나 이 또한 중간에 예기치 않은 난관에 봉착했다. 집을 신축하거나 보수하는 과정에서 누구를 대상으로 선정할지를 놓고 이견이 있었다. 해비타트는 몇 가정을 선정하여 해당 작업을 진행하고 싶어 했다. 그러나 우리는 특정한 개인에게만 혜택이 돌아가 다른 이들이 상대적 박탈감을 갖게 하는 것보다 모두가 공유할 수 있는 시설로 건물을 신축하거나 보수해 주기를 요청했다. 예를 들어, 마을 주민들이 함께 사용할 수 있는 공동 주방이나 공동 양계장 같은 형태 말이다. 그러나 이 차이가 생각보다 쉽게 좁혀지지 않았고, 사업 진행을 위한 펀드레이징 또한 주춤하면서 인도 해비타트와 멀어지게 되었다.

여기까지 보면 좋다 말았다고 할 수 있지만, 우리는 이 과정을 통해 당시 생각만 굴뚝이었던 국제의료봉사회 인도지부(ITMMI, 대표 다니엘)를 인도 정부에 트러스트로 등록하게 되었다. 트러스트는 NGO와 성격이 유사하며 바로 전 단계 정도로 볼 수 있다. 그동안은 십시일반으로 헌금이 모아지면 그것을 다니엘 목사 개인에게 송금하거나 우리가 방문할 때 직접 전달하는 식으로 관리 운영해 왔다. 그러나 바르구르의 총체적인 변화의 필요성과 이로 인한 다양한 사역들이 발생하는 시점에 이르고 보니 다양한 사람들과의 협력이 불가피해졌고 오고가는 재정의 규모나 관리의 무게도 자못 커졌다. 다니엘 목사가 시무하는 바르구르 복음주의교회 또한 그를 증명하는 기관이긴 하지만, 정부가 보증하는 트러스트의 형태로 등록하여 활동한다면 운영이나 관리의 측면에서 뿐만 아니라 외부 협력을 제안하고 실제 협력 관계를 구축할 때에도 투명성과

공정성에 대해 객관적인 인정이 전제되니 이점이 훨씬 많았다. 등록에 대한 계획은 있었지만 인도 현지법과 등록 과정을 잘 몰라 우선 미루고 있었는데 국제단체인 인도 해비타트와 협력 논의가 오고 가고, 등록에 관한 건의 및 자문이 곁들여지며 결국 등록에 이르게 된 것이다. 소중한 것들을 소중히 다룰 수 있는 그릇이 생긴 것이다.

Capter 5

그런즉 심는 이나 물 주는 이는 아무것도 아니
로되 오직 자라게 하시는 이는 하나님뿐이니
라 (고전 3:7)

까만 양 스무 마리 …

경제적 자립을 향하여

산포제일교회 도움으로 헌당 예배를 드리다

2016년 11월에 이루어진 5차 방문은 오랫동안 고대하였던 헌당 예배를 함께 드릴 수 있었던 기쁨의 잔치였다.

2014년 6월, 1차 의료봉사 직후 시작된 나무 그늘 아래에서의 예배 이후, 바르구르 주민들은 예배당이 마련되기를 기도해 왔다. 그동안 갑작스런 소나기와 작렬하는 햇빛도 나무그늘 아래 예배자들의 열정을 막지 못했다. 그러나 한센병과 후유증으로 인해 육체가 쇠약해진 이들에게는 그러한 상황에서 지속되는 예배가 무리가 되었다.

하나님께서 긍휼 베풀어주시기를 바라며 기도하기를 약 1년 쯤. 바르구르 한센인들의 이야기를 들은 한국의 산포제일교회가 예배당 마련을 위한 헌금을 결정하였다는 소식을 듣게 되었다. 이 소식을 전하며 우리의 마음이 더욱 벅차올랐던 것은 그 교회의 태동과

CHURCH BUILDING DEDICATION
인도 바르구르 산포제일교회 헌당 감사예배
일시 June. 4. 2017
한국 IDEA 협회
국제의료봉사회(ITMM)

Before

After

오늘에까지 이른 역사 때문이었다.

인도처럼 한센병이 만연하던 시절 산포 지역에 한센인들이 모여 공동체로 살면서 자연스럽게 교회가 세워졌다. 마을 주민들은 한센병으로 인한 고통 속에서도 복음을 붙잡고 믿음과 사랑이라는 꽃을 피워냈다. 서로가 서로의 상처를 보듬어 안았고 결국은 완치라는 소망의 꽃을 피우게 된 것이다.

그리고 그 꽃을 피우게 하신 예수님을 증거하는 열매로 십시일반 다시 헌금을 모아 멀리 떨어진 형제이자 자매들의 터전인 바르구르로 보내준 것이다. 한센인으로 살아가는 일의 어려움 속에서도 인내를 통해 완치와 회복이라는 소망의 항구에 먼저 다다른 선배들의 헌금이기에 그 의미가 더욱 뜻깊었다.

헌금만큼이나 헌금을 해주신 분들에 관한 이야기로 바르구르에는 다시 한 번 용기가 부어졌다. 바르구르에 세워지는 교회가 그리스도의 복음이라는 참된 기초 위에 놓이기를, 오직 자라게 하시는 하나님(고전 3:7)만 바라며 모두가 함께 모여 하나님을 예배하였다. 진실로 감격이 넘치는 날이었다.

한센인들의 경제자립을 위한 워크숍

2016년 11월 5차 방문이 이루어지고 얼마 지나지 않아 6차 방문이 이어졌다. 이 때 바르구르 최초로 한센인들의 경제자립을 위한 워크숍(International Workshop on Integration into Society. 2017. 6. 4)이 열렸다.

이 워크숍은 한국 IDEA 협회 정상권 회장님의 결정으로 이루어진 일이었다. 그간 수많은 권리로부터 소외되어 평생을 살아온 한센인들이 잃어버린 기회들을 찾고 누리는 일에 있어 자립은 결정적으로 중요한 일이며 이를 위해 지속적인 교육이 필요함을 늘 피력해 온 회장님이셨다. 특별히 사춘기 시절, 한센병을 앓기 시작하였지만 소록도에서의 치료를 통해 완치를 경험, 사회로 복귀하였던 정 회장님의 진솔한 나눔이라면 바르구르 주민들에게 큰 울림이 될 것이라 생각했다.

한센병 완치 이후 지금까지 약 36년 동안 국내외 한센인들과 사회적 약자들의 자립 및 인식 향상을 위해 일생을 내어 드리는 정 회장님의 삶은 바르구르 한센인들에게는 실로 놀라움이었고 도전이었다. 정 회장님과 바르구르 주민들의 만남은 그동안 자기 자신에게만 집중되어 있던 시선을 가족과 이웃, 세상으로 넓혀가는 전환점이 되었다.

한국 한센 사업의 역사, 한국 한센인들의 역경과 극복을 위한 수많은 노력들, 한국 한센인들의 열정적인 삶을 시작으로 양계, 양돈 등을 통한 성공적인 경제 자립의 실제적인 사례들은 바르구르 주민들에게 소망의 불씨가 되었다.

민원 접수 센터가 되어버린 교회

2015년 1월, 2차 방문 즈음으로 기억한다. 국제의료봉사회가 인도 바르구르를 찾은 지 약 1년 정도가 되는 시점이었다. 여러 차례의 의료 봉사를 통해 한센인들 스스로 환부가 개선된 경험을 하게 되었다. 한센병이 나을 수 있는 병이라는 이야기, 그렇게 귀로만 들었던 이야기가 현실이 되어가고 있다는 사실에 한센인들 사이에 회복에 대한 기대가 조금씩 높아져 가기 시작했다. 그동안 무언가를 바란다는 일이 가당치 않은 것처럼 여겨졌지만 이제 상황이 달라질 수 있다는 생각이 비로소 들었던 것이다. 긍정적인 신호였다.

그러나 뜻밖의 방향으로 상황이 전개되어 갔다. 바르구르 교회가 민원 접수 센터가 되어버린 것이다. 예를 들어, 쌀이 없다거나 이불이 없다거나 또는 학비가 부족할 때 교회에 와서 요청을 하였고 부모님이 돌아가셔서 홀로 남게 된 아이들을 모두 교회로 데려오기도 했다. 심지어 어떤 경우엔 고장 난 우물 펌프를 교체해 달라고 찾아오기도 했다. 목마른 자는 누구든지 오는 곳이 교회이기는 하다. 그러나 문제가 생길 때마다 필요 이상으로 교회에 짐을 지우는 형국은 문제가 아닐 수 없었다. 그럼에도 바르구르 교회 지도자들은 그 많은 필요에 최선을 다해 응답했다.

시간이 흐르면 흐를수록 사람들의 요청은 노골적인 요구로 바뀌어갔다. 저 사람은 해주면서 나는 왜 안 해주느냐는 것이다. 급기야 없는 살림에 모든 것들을 내어 한센인 공동체 바르구르를 섬기고 있는 교회를 향해 비난이 쏟아지려는 찰나에 이르렀다.

인도 바르구르의 다니엘 목사가 국제의료봉사회로 연락을 해왔다. 일종의 구조신호였다. 교회가 감당할 수 없는 부분들을 국제의료봉사회가 도와 감당해 줄 수 있는지를 물었다.

우리가 본부이긴 하지만 우리 또한 그 많은 필요에 응답할 정도로 자원을 많이 가지고 있지 않았다. 더군다나 본부나 지부, 더욱이 교회가 그 많은 필요들을 모두 다 감당하기 위해 존재하는 기관인지에 대해 의문이 제기됐다.

다니엘 목사는 쇄도하는 요청들 속에서 잠시 중심을 잃은 듯 보였다. 바르구르 사람들의 필요를 그때그때 즉각적으로 채워주기보다 그들 스스로 무엇인가 할 수 있도록 양육하고 세워가는 훈련의 필요성이 느껴지고 있었다.

다시, 사람의 존재 자체를 소중히 여기다

바르구르 교회의 지체들은 자신도 결코 넉넉하지 않지만 그런 가운데서도 자기 몫을 떼어 한센인 이웃들에게 기름과 포도주를 붓고 붕대를 싸매는 사람들이었다. 그렇지만 여전히 자신의 힘은 전혀 들이지 않고 목자들의 선한 마음을 이용하는 마을 주민도 적지 않았다.

그들은 쉴 틈 없이 찾아와 필요한 것들을 줄기차게 요청했다. 유리하는 양들을 불쌍히 여기는 목자들이 그들을 거절하는 일은 참으로 쉽지 않았다.

그러나 어느 시점부터는 결단이 필요했다. 설령 마르고 닳지 않는 자원을 가지고 있다고 하더라도 그렇게 퍼주기만 하는 것은 상대방의 성장과 성숙에 도움이 되는 일이 아니었다. 젖을 떼고 밥을 먹인지 오래이니 이제 운동을 해 몸에 근육이 붙게 해야 할 때였다. 근육을 사용함으로써 자신의 힘이 어느 정도인지 가늠하고, 그 힘으로 자신도 보호하고, 곁에 있는 또 다른 누군가도 보호할 수 있어야 했다.

우리의 고민은 다시 시작되었다. 어떻게 하면 바르구르가 이런 소망을 깨닫게 할 수 있을까? 어떻게 하면 이 고개를 함께 넘어가 인생의 밭을 기경하는 성취감을 기대하고 맛보게 할 수 있을까?

시선을 돌려 이 땅에 오셔서 사역을 감당하셨던 예수님의 발자취를 생각해 보았다. 늘 떡을 달라, 물을 달라 아우성인 이스라엘 백성들을 향해 예수님이 취하셨던 행동은 무엇이었던가?

예수님은 사람들의 요구를 모두 들어줄 만한 능력이 있으셨지만 백성들의 모든 요구에 즉각적으로 응답하거나 불의한 세상을 단 한 번에 바꾸시지 않으셨다. 그것은 인격적인 방식이 아니었기 때문이다.

예수님은 늘 자원함을 원하셨다. 예수님은 사람들의 삶이 변화하는데 관심이 있으셨다. 그것이 예수님께서 우리 한 사람, 한 사람과 일대일의 '관계'를 가지신 이유라고 생각한다.

단 한 사람일지라도 문 밖에 서 계신 예수님을 마음에 모셔 그분과 관계를 가질 때, 그 사람은 마음의 변화를 경험하게 된다. 그 때 그의 인격이, 태도가 바뀌게 되고 그런 그의 삶이 공동체에 영향을 주어 공동체의 다른 구성원들의 가치관과 세계관에 변화를 일으킬 수 있다. 프로젝트나 사상, 또는 시스템이 공동체를 살기 좋은 곳으로 만들어가는 것이 아니라, 그것을 운영하는 사람이 좋은 사람, 건강한 사람일 때, 세상이 그만큼 건강한 빛을 발하게 되는 것이다.

우리는 눈에 보이는 현상을 잠시 잠재우거나 없애기 위해 노력하기를 멈추고 다시금 지금 눈앞에 마주한 한 사람 한 사람의 존재 자체를 소중히 여기며 그들과의 올바른 관계 형성에 중점을 두기로 했다. 그들의 육신 뿐 아니라 삶 전체가 변화하는데 우리의 사역을 집중하기로 했다.

우리에게는 여전히 단 한 사람도 변화시킬 능력이나 권한이 없다. 그러나 마음을 다해 우리에게 잇대어진 한 사람 한 사람 자체에 관심을 기울이는 가운데 그런 우리를 통해 바르구르에 사는 누구라도 복음이신 예수 그리스도를 맛볼 수 있게 된다면 그는 더 이상 마냥 목마르지만은 않게 될 것이었다. 목이 마르더라도 어디로 가면 목을 축일 수 있는지 정확하게 알게 되기 때문에 바닥이 드러난 웅덩이에 가서 하소연을 하는 일들은 줄어들 것이었다.

넘어지더라도 툭툭 털고 다시 일어나 웃는 낯으로 다시 뛰어가는 사람들이 바르구르에 늘어난다면 마을은 이전과는 다른 삶을 경험하게 될 것이다. 예수님을 진정으로 만난 한 사람의 변화가 가정으로, 마을로 공동체로 퍼져간다면 그곳이 바로 하나님 나라가 될 것이었다.

까만 양 스무 마리

어느 날, 메신저 채팅방에 알림 소리가 끊이지 않았다. 한꺼번에 여러 장의 사진들이 올라오는 소리였다. "띵동", "띵동", "띵동", "띵동"…

흙먼지 가득한 바르구르 마을 초입에 주민들과 대열을 이루고 서 있는 다니엘 목사의 사진이었다. 그리고 그 곁에 처음 보는 까만색 친구들이 있었다. 도대체 이 사진이 무엇인지를 물었다. 다니엘 목사가 답했다. "양!". 까만색 친구들은 다름 아닌 양이었다. 언뜻 보기엔 염소 같은데 양이란다. 일전에 마을을 방문했을 때, 양을 본 적이 없었는데 어떻게 된 일인지 무척 궁금했다. 다니엘 목사의 길고 긴, 이야기 보따리가 풀어졌다.

바르구르의 어려움은 계절을 뛰어넘어 늘 일반적이지만 농한기가 되면 더욱 극심해진다. 농한기가 가까울수록 어려움이 짙어진다는 사실을 마을 주민이라면 누구나 알고 있다. 자명한 상황임에도 그동안은 아무런 대비도 하지 못한 채 그 어려움이 다가오면 그저 온 몸으로 맞을 뿐이었다. 그러나 이제는 상황이 조금 달라졌다. 어려우면 바르구르 교회의 문을 두드리게 된 것이다. 마음 같아서는 다해주고 싶지만 그럴 수도 없고 그래서도 안 된다는 것을 다니엘 목사는 깨닫게 되었다. 그렇다고 예전처럼 다시 어려움 속에 사람들을 방치해 둘 수만도 없었다.

길을 찾아야 했다. 마을의 문제인 동시에 교회의 문제이기도 했다. 바르구르 교회의 지체들은 거의 대부분이 바르구르 마을의 주민들이었다. 다니엘 목사는 사람들을 모아 지금 바르구르가 처한 기근과 가난의 문제를 설명하고 이 문제를 자체적으로 풀기 위해 지혜를 모아야 한다고 제안했다.

몇몇 사람들이 국제의료봉사회에 도움을 요청하라고 이야기했을 때, 그는 단호하게 이 문제야말로 우리를 보호하시는 하나님의 인도하심을 받아 우리 스스로 해결하는 것이 필요하다고 답했다. 다른 사람들을 의지하지 않고 하나님의 도우심만을 구하며 이 문제를 풀어냈을 때, 이것이 바르구르 안에 선한 영향력을 미쳐 많은 사람들이 주께로 돌아올 것이라는 기대도 함께 나누었다.

첫 스텝인 만큼 복잡하지 않으면서 주변 지역에 있는 자원을 활용하여 문제를 해결할 수 있는 방안이 무엇인지에 대해 여러 사람의 의견이 오고 가던 중, 다니엘 목사의 머릿속을 스치고 간 하나의 이야기가 떠올랐다. 바로 언젠가 나로부터 들은 이야기였단다.

한국의 경우, 한센인들의 자립을 위해 정부가 지원하는 다양한 혜택들이 있다는 이야기였다. 어쩌면 그들이 사는 인도에도 이미 그런 제도가 있을지 모를 일이었다. 다니엘은 그 이야기를 나누었고, 이야기를 들은 사람들 사이에 흥분이 번져갔다.

그들은 다음 날 바르구르의 행정을 담당하는 바르구르 사무소를 찾아갔다. 이러한 결심과 걸음은 결코 쉬운 것이 아니었다. 인도의 카스트 제도가 법률상으로는 사라졌다고 해도 사람들의 생활 속에서는 여전히 보이지 않는 권력으로 남아있다. 불가촉천민에도 들어가지 못하는 바르구르의 사람들이 행정 사무소를 찾는 일은 우리가 생각하는 것보다 훨씬 더 큰 용기를 필요로 하는 일이다. 무시와 조롱과 모욕이 뒤따라올지도 모를 일이었다. 물론 그날 사무소를 찾아간 사람들이 한센인들은 아니었다. 그렇다고 해도 바르구르 주민들이 관공서에 직접 찾아가 그들의 권리가 무엇인지 묻는 일은 이례적인 사건이었다.

한센인 생활 지원과 자립을 위해 국가가 무엇이라도 해줄 것 같은데 우리가 어떤 혜택을 받을 수 있는지를 물었다. 그 이야기를 들은 관리가 처음에는 아무것도 없다고 이야기했다.

그러나 한국의 사례들을 들은 바 있던 다니엘 목사인지라 돌아서며 이렇게 말했다고 한다.

"그래요? 뭔가 있을 것 같은데, 그렇다면 그 뭔가가 나올 때까지 우리가 여기에 매일 와봐야겠군요. 내일은 우리 마을 사람들을 다 데리고 오는 게 좋겠습니다."

이 말을 들은 담당자는 깜짝 놀라 방법을 찾아볼 테니 다음 날 다니엘 목사 혼자 오라는 말을 남겼다. 이튿날 다시 그 곳을 찾아갔을 때, 다니엘 목사는 까만 양 스무 마리를 지급 받을 수 있었다!

말도 안 되는 이 이야기가 제대로, 한 번에 먹혔다. 일이 되려니까 이렇게 쉬울 수가 없다. 그러나 어디 이것이 쉬운 일이었을까? 분명 쉽지 않은 상황이었지만 살기 위한 길을 찾는 자녀들을 하나님께서 긍휼히 여기셔서 여러 사람의 마음을 부드럽게 해주셨기에 열린 길일 것이다.

하나님만 바라보며 나아갈 때, 그 믿음이 하나님이 가지고 계시는 자원에 도달하는 열쇠가 되어 드디어 문제를 풀어나갈 수 있게 되는 것이다. 하나님은 정지해있는 자동차의 핸들을 움직이지 않으신다. 자동차가 움직일 때 비로소 방향을 잡아주신다. 바르구르가 믿음으로 그 첫발을 떼기를 누구보다 하나님께서 바라고 또 바라셨을 것이다.

마을로 돌아오는 다니엘 목사의 마음에 기쁨이 가득했다. 마을이 생긴 42년 이래, 늘 주는 것에만 만족하며 살아왔다. 그리고 그것은 늘 부족했다. 그랬던 사람들이 처음으로 관공서에 찾아가 자신의 권리가 무엇인지 물어 누릴 수 있는 것들을 찾아온 것이다. 두드리니 열리고, 걸어갈 수 있는 마른 땅이 드러난 것이다. 이것은 정말 새로운 경험이었다.

마을로 들어온 까만 양들과 다니엘은 주민들 모두의 기대와 소망의 시선을 한껏 받았다. 내심 모두 당장 양을 잡아먹고 싶었지만 참기로 했다. 지금 잡아먹으면 그걸로 끝이지만, 양들이 새끼를 치고, 또 그 양이 새끼를 칠 때까지 기다리기로 했다.

지금은 스무 마리지만 2백 마리, 2천 마리가 된다면 바르구르가 반복적으로 만나는 어려움의 시간들을 뚫고 나가는 힘이 될 것이라고 믿었다. 인내의 시간들을 통해 바르구르의 가정이, 교회가, 그리고 학교와 마을이 넉넉함에 이르게 될 것이라는 기대도 함께 이야기했다.

늘 외부로부터 빼앗아오듯 도움을 구걸했던 손이 어느새 길을 찾고 일구고 거기서 나올 소출들을 기대하며 바삐 움직일 준비를 하는 손으로 바뀌어져 가고 있었다. 바르구르는 그렇게 자신들의 삶을 일구어 가시는 하나님께 한걸음 더 다가갔다.

누군가의 삶에도 도움이 되었으면

우리가 처음 마을을 찾았던 2014년만 해도 한센인과 그 가족으로 살아가는 바르구르 사람들에게 움직임이라는 단어는 참으로 생소한 것이었다. 정부의 주도로 마을이 만들어졌던 1975년 이래, 바르구르로 들어온 사람들은 정부나 간간히 찾아오는 사람들의 지원으로만 살아왔다. 거의 형편없고 늘 부족하여 갈증이 있었지만 사람들은 있는 그대로의 상황에 자신을 맡겨버렸다. 그들이 전부터 익히 보아왔던 다른 한센인들의 삶을 떠올리건대, 앞으로 한센병과 그로 인한 합병증이 심해져 몸도 마음도 점점 만신창이가 되어갈 것이 뻔한데 무엇 때문에 발버둥을 치며 살아가겠느냐는 체념 때문이었다. 사람들은 움직이지 않았다.

그러나 다니엘 목사를 중심으로 바르구르 교회와 성도들이 마을을 부지런히 오가며 섬긴 덕분에 주민들의 마음 밭이 자갈밭에서 무언가 심으면 싹이 날 수 있는 밭으로 기경되어 갔다. 그 자리엔 천벌이기에 도저히 나을 수 없는 병인 줄만 알았던 한센병이 완치 가능한 질병이라는 회복의 씨앗이 뿌려졌다. 예수 그리스도를 통한 죄사함과 부활의 영광에 참예할 수 있다는 복음이 심겨졌다. 시간이 흐르며 그 복음을 자라게 하시는 농부 하나님을 통해 바르구르엔 그리스도와 그 제자들이 함께 자라가게 되었다.

홀로 힘겹게 살아가는 불가촉천민으로서의 한센인이라는 정체성 대신 한센인들 또한 하나님의 자녀로 창조되었다는 복음을 취하며 성령의 열매들을 맺어가기 시작했다. 그렇게 잃어버린 자화상을 회복해가며 사람들은 자신들의 변화된 삶을 통해 누군가의 삶에 도움이 되었으면 하는 바람을 자연스럽게 갖게 되었다. 바로 하나님 나라의 후사, 상속자로서의 특권이 자신에게 있음을 깨닫게 된 것이다. 자신이 아닌 다른 이, 즉 이웃을 사랑함이 선택이 아니라 사명이라는 사실을, 그 일들을 위해 지으심 받았다는 사실을 비로소 깨닫게 된 것이다.

예수 그리스도를 통해 내면의 변화를 경험한 바르구르의 사람들은 자신에게 있는 유무형의 은사들을 사용해 다른 사람들을 섬기기 시작했다. 한센인들 가운데서도 후유증의 정도에 따라 움직임의 반경 또한 상이한데, 그나마 움직이기가 조금 수월한 사람들이 더 어려운 사람들을 돕는 일들이 생겨났다. 한 사람이 할 수 없는 일은 여러 사람이 힘을 모아 해결해 나갔다. 하루 종일 나무 그늘 밑에서 땅바닥만 우두커니 쳐다보던 사람들이 삼삼오오 짝을 지어 아침 일찍 일어나 양을 몰고 들판으로 나갔다. 태양이 뜨거웠지만 땀을 흘릴 수 있다는 사실이, 일을 하고 있다는 사실이 한센인들에게 오랜만에 큰 기쁨을 안겨주었다. 일은 저주가 아니었다. 오히려 그동안 일할 수 없는 삶이 그들에게는 가혹한 형벌이었다. 바르구르 사람들의 생각이 변해가며 삶 또한 빠르게 바뀌어 가고 있었다. 지독히도 안으로 향하던 팔이 조금씩 밖으로 펴지고 있었다.

오륜교회 사랑의 헌금 첫 수혜자

바르구르가 전인적 회복을 위해 외부 의존도를 낮추어가며 스스로의 힘으로 자립하려고 애쓰고 수고하는 진통이 한창이던 2016년 10월, 우리는 한 통의 전화를 받게 되었다.

'2016년 다니엘 기도회'에 초대하는 전화였다. 다니엘 기도회는 '모든 교인이 성경인물인 다니엘처럼 거룩한 기도의 습관을 갖자'는 취지로 오륜교회가 20년 전부터 시작한 기도회였다. 2013년부터는 기도회가 인터넷을 통한 생중계로 오픈되었다. 교단, 교파를 초월하여 수많은 교회가 참여, 연합하여 기도하고 있다. 기도회는 매년 11월1일부터 21일간 진행되고 있었다. 이번 기도회의 경우, 날짜를 보니 국제의료봉사회의 바르구르를 세 번째로 방문하는 기간과 겹쳐 있었다. 예사롭지 않았다.

바르구르가 예수 그리스도의 생명으로 덧입고 그 분과 관계하며 변화를 경험하도록 모든 이가 산고를 치르고 있는 중이었던지라 어느 때보다 영적인 기도가 많이 필요했다. 우리는 다니엘 기도회야말로 이 일들을 위한 하나님의 격려이며 지원이라고 생각했다. 즉각 바르구르에서 일어나고 있는 일들을 실시간으로 정리하여 다니엘 기도회의 기도 제목으로 최선을 다해 업데이트했다. 그렇게 한 달여간 잠잠한 시간들이 이어지고 있었다.

그리고 10월의 마지막 밤이자 바르구르 3차 방문을 이틀 앞두고 있을 때, 전화 한 통이 왔다. 다니엘 기도회 본부인 오륜교회로부터의 전화였다. 어려운 이웃들을 사랑으로 품고 섬기자는 취지로 흘려보내는 사랑의 헌금이 있는데 첫 수혜자로 한센인 공동체 바르구르가 선정되었다는 연락이었다.

2016년 다니엘 기도회의 포문을 여는 사랑의 헌금이 그 많은 사역들에 앞서 인도 한센인 공동체 바르구르로 흘러들어간다는 사실이 참으로 믿기지 않았다. 우리가 할 수 없는 일을 하나님께서 하셨다는 확신이 들었다. 동시에, 지역사회를 넘어 세계 도처의 어려운 이웃들이 가지는 필요를 이해하고 이를 채워나가기 위해 자원들을 흘려보내주는 믿음의 동역자로 오륜교회를 만나게 하신 하나님 앞에 감사를 드렸다.

그렇게 하나님의 마음을 품고 달려간 바르구르는 지난 두 번의 방문과는 분위기가 분명 달랐다. 거칠고 모가 나 있던 마을의 분위기가 한결 차분해지고 부드러워져 있었다. 한센인들의 육적인 상태도 이전보다 훨씬 많이 좋아졌다. 이때가 상시 진료가 가능한 중앙

진료소와 중증 환자 병동 리모델링이 막 끝난 시점이었다. 무엇보다 자립의 필요성에 대해 마을 주민들이 조금씩 뜻을 모은 작은 움직임들이 조금씩 발아하는 때이기도 했다.

이 모든 것들은 결코 시간이 흘렀기 때문에 저절로 일어나거나 맺힌 열매들이 아니었다. 때마침 날아든 기도의 홀씨들 덕분이었다. 우리가 이 땅으로 다시 돌아오기 전, 하나님의 마중물이 되어 한센인 공동체 바르구르의 회복을, 바르구르에 마침내 드러날 하나님 나라를 소망하며 7만300여명과 전국 3217개의 교회가 한마음이 되어 부르짖었던 간구의 제목을 주님께서 들으시고 변화의 불씨를 선물로 주신 것이었다.

우리는 멀리 떨어져있을지언정, 한번도, 한시도 바르구르를 떠나지 않고 그들을 돌보시며 일구시고 빚어 가시는 하나님의 하나님 되심이 빛나는 순간이었다. 하나님은 그 땅의 주인이셨고, 그들의 아버지셨으며 역시나 영원한 격려자이셨다.

Capter 6

네 이웃을 네 몸과 같이 사랑하라 (눅 10:27)

패인 인생의 흉터 위로

새 살이 돋아

패인 인생의 흉터 위로 새 살이 돋아

2014년부터 2017년까지 6차에 걸친 동역자들과의 방문과 인도 현지 바르구르 교회의 섬김으로 바르구르는 많은 변화들을 경험하게 되었다. 가장 큰 변화는 한센병으로 인해 죽음을 향해가던 육체가 회복을 덧입게 되었다는 점일 것이다. 이전까지는 한센병 발병 사실이 알려져 원래 살던 동네에서 쫓겨나 바르구르로 오게 되면 죽음 외에 바랄 수 있는 것이 없었다.

2014년, 처음에 이방 사람이 와서 "한센병은 낫는다" "반드시 완치되는 병이다"고 분명한 어조로 말하였지만 그동안 43년을 함께 했던 한센병 환우들이나 그 지역을 책임지는 마을 의사들이 한번도 하지 않은 이야기였으므로 믿음이 가지 않았다. 그러나 우리의 방문이 회를 거듭하고 함께 살고 있었던 사람들의 상처가 치유되는 현장을 목도하게 되면서 '이 병도 낫는 병'임을 체험하게 되었

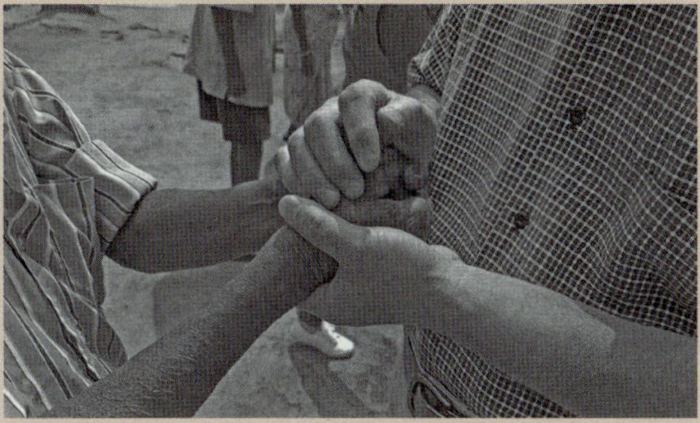

다. 이제 2015년 국제의료봉사회와 바르구르 교회와의 만남을 통해 바르구르 주민들은 한센병이 완치가 가능한 질병임을 인식하기 시작하였고 이를 위한 치료와 예방 교육이 병행, 제공되면서 많은 사람들이 점진적인 회복의 기쁨을 맛보게 되었다. 방임과 무관심으로 점철되었던 한센인들의 삶에 배려와 관심이 부어지며 상처로 패인 인생의 흉터 위로 새 살이 돋아나고 있었다.

필요한 처치들을 통해 환부가 악화되는 일이 방지되면서 불필요한 상실을 막을 수 있었다. 나균을 가지고 있는 양성 환자들과의 접촉에 있어 어떠한 부분들만 주의하면 서로 안전하고 건강한 생활을, 일상을 영위할 수 있는지 상호 교육함으로써 한센인과 한센병력자 모두가 공존할 수 있었다.

바르구르에서 만큼은 불안과 두려움이 더 이상 무지라는 먹이를 먹고 공포로 자라나지 못하도록 사람들이 양육되었다. 복음으로 덧입은 사람들이 불안과 두려움을 내어쫓고 그 자리에 소망을 심고 가꾸고 나누는 일들이 바르구르에 번져갔다.

육신 만큼 귀한 영혼

우리 힘으로 어쩌지 못할 정도로 병이 많이 진행된 중증 한센인을 마주하는 일은 가장 큰 고통이었다. 또 그들과 이별하는 아픔도 겪어야 했다. 한센병뿐 아니라 그로 인한 합병증이 온 몸을 잠식해 버린 영혼 앞에서 우리는 이곳을 좀 더 빨리 찾아오지 못했음을 자책할 뿐이었다. 조금 더 일찍 이 마을에 왔더라면….

그러나 그렇게 생사의 갈림길에 놓인 그 시점임에도 노구 앞으로 부르신 하나님의 뜻이 있음을 깨닫고 그를 다시 보니 육신만큼 귀한 영혼이 보였다. 슬픔과 고통을 일으키는 죄의 문제로부터 건짐을 받아야 하는 그의 영혼이 보인 것이다.

그동안 아무도 다가오지 않았던 그에게 다가가 손을 얹으니 온 몸의 가느다란 떨림이 손끝으로 전해져왔다. 아무도 함께 들어올 수 없는 죽음 속으로 빠져들고 있는 그에게 우리는 예수 그리스도의 이름으로 구원의 복음을 전했다.

죽음의 결박 가운데 묶인 그를 구하기 위해 2천 년 전 이 땅에 인간의 몸을 입고 오신 예수 그리스도와 십자가를, 부활을 그에게 말해 주었다. 그러면 그는 어김없이 우리를 따라 예수님을 구주로 영접하는 기도를 드린다.

여전히 그의 몸이 한센병으로 인한 고통 속에 있을지라도 그의 영혼만큼은 자유를 얻어 주님 안에 머물게 됨을 확인하고 감사를 드렸다. 그런 만남이 있고 난 얼마 뒤 바르구르로부터 그가 하나님의 품으로 돌아갔다는 소식을 듣게 되었다. 마을 사람들 모두가 모여 그를 천국으로 환송했다는 이야기와 함께.

이 땅에서는 미처 다 누리지 못했을 사람됨을, 하나님의 자녀됨을, 이제 아버지 하나님 품에서 누리고 있을 것을 기대하며 남은 공동체를 다시금 품게 되었다. 그리고 그렇게 떠난 듯 보이는 그의 삶이 남은 사람들의 삶에 천국 복음으로, 하나님 나라 씨앗으로 심기는 것을 보게 되었다. 눈에 보이지 않지만 실재하는 하나님 나라, 그 나라가 죽어서 뿐 아니라 살아서 이 땅에서도 맛볼 수 있는 나라라는 것을 말해주는 바르구르 교회 사람들의 이야기가 주변으로 점점 퍼져갔다.

한센인을 만지지 못했던 다니엘 목사

아버지 때부터 한센병 사역을 지켜본 다니엘 목사에게 한센병 환우들을 품고 기도하며 함께하는 것은 자연스러운 일이었다.

그런데 지난 4년 동안 다니엘목사와 함께하면서 이해되지 않은 한 부분이 있었다. 바르구르를 처음 방문하였을 때부터 우리는 그들의 손을 잡고 상처를 치료하고 쓰다듬어 주었다. 한데, 우리가 그곳을 세 번째 방문할 때까지 적어도 나의 눈에 보여지기를, 다니엘은 한센병 환우들을 만지지 못하고 있었다.

그래서 나는 다니엘 목사에게 한센병 환우들을 만지지 못하는 이유를 아주 조심스럽게 물었다. 그로부터 답을 듣자 다소 이해가 갔다.

인도에는 하나의 문화가 있는데 그것은 아주 중증이거나 고질병

혹은 한센병처럼 심한 병에 걸린 사람들과는 절대 가까이 해서는 안 되며 만져서는 더욱 안 된다는 것이었다. 나는 무척 놀라기는 했지만 그것은 그들의 문화이고 오랜 전통이기에 쉽게 내가 꺼내어 변화를 주기에는 조심스러운 부분이 있었다.

하지만 복음 전도에 있어서 긍휼한 마음과 안아줌이 얼마나 귀하고 실제적인지는 따로 설명할 필요가 없지 않은가. 그래서 나는 다니엘 목사에게 담대하게 요청했다.

"우린 목사다. 복음을 전하는 일선에 서 있다. 가장 최전방에서 직접 수행해야할 지휘관이다. 그렇다면 우리가 어떤 형태로든 극복하지 않으면 안 된다. 아무리 우리가 이 병이 감염력이 약하고 반드시 낫는 병이라고 강조하여 말해도 그 믿음이 커질 수 있는 것은 그들을 품을 때이다. 이제부터는 반드시 손을 잡고 끌어 안고 간절히 기도해 주자. 그리고 우리의 체온을 통해 그리스도를 경험하도록 우리 몸을 도구로 내어 드리자."

주저하던 다니엘도 네 번째 방문 때는 한센인들을 끌어안고 기도하기 시작했다. 성령의 능력이다. 사람이면 여전히 불안하고 감염에 대한 두려움 때문에 조심스러웠을 것이다.

사실 나도 마찬가지였다. 처음에는 다니엘 목사처럼 매우 주저했다. 그리고 그들을 만지고 나서는 여러 번 손을 씻었다. 그러나 지금은 어떤가? 그들을 치료하다말고 같이 밥을 먹고 있다. 그들이 직접 만들어준 밥을 먹고 있다. 복음의 능력이 아니고서는 절대 내가 변할 수 없는데 복음의 능력으로 인하여 한센인들을 맘껏 품을 수 있게 된 것 같다.

이제 그곳을 방문하면 마을 사람들이 줄을 선다. 나에게 기도 받기 위해서다. 내가 무엇이 잘나서 그들이 내 앞에서 머리를 조아리겠는가? 그들이 찾는 것은 내가 아니라 온전한 사랑으로 넉넉히 채워 주시는 예수님을 그들이 만나고 경험했기 때문이다. 우리를 통해 누렸던 그 하나님을 또 한 번 직접 경험하기 위해 우리들의 품에 안기는 것이다.

두 손을 꼭 잡거나 품고 기도할 때면 여지없이 성령님이 뜨겁게 그리고 불같이 역사하심을 경험하게 된다. 얼마나 따뜻한 온기인지 모른다. 그래서 기도하면 눈물이 나고 그들도 펑펑 운다. 하나님의 은혜에 감격해서이다.

가족도 이웃도 형제도 그 누구도 그들을 맞아 주지 않았는데, 먼 나라 한국에서 날아와 거리낌 없이 손을 잡고 상처를 싸매주고 안아주면서 눈물 흘리며 자신을 위해 기도하는 이방 사람들을 통해 그들은 상처를 싸매주시는 예수님을 경험하기 때문이다. 놀라운 복음의 능력이 역사하는 현장 한 중심에 우리가 서 있었던 것이다. 그들을 만나서 그들처럼 우리도 함께하시는 예수님을 경험한다. 너무나 놀라운 은혜이다.

바르구르 교회 공동체의 사랑의 초대

우리가 처음 바르구르를 방문했던 2014년, 바르구르 사람들의 시계는 오로지 아침 배식에만 맞춰져 있었다. 일에 대한, 움직이고자 하는 의지는 사라진 지 오래였다.

아주 오래전 이 마을에 들어오기 전, 땀을 흘려 일을 한 적이 있었음을 기억하는 이가 더러 있긴 했지만, 이 마을로 들어온 이래 자신의 삶에 그런 일이 다시 일어날 것이라고 기대하는 사람은 거의 없었다.

무언가를 기대해 보았자, 그것이 작은 것이라고 할지라도 늘 더 큰 좌절이 되어 돌아왔기에 사람들은 더 이상 기대하기를 멈추었다. 베데스다 연못가 38년 된 병자에게 솔로몬의 다섯 행각이 세상의 전부였듯이 바르구르의 한센인들도 주어진 세상 밖으로 구태여 시선을 돌리지 않는 것이, 고개를 숙여 바닥만 바라보는 편이, 살

수 있는 유일한 방도라고 생각했다.

삶을 유지하기 위해 마을 주민들이 할 수 있는 유일한 선택은 정부가 제공하는 아침 급식을 타기 위해 마을 중앙으로 모여드는 것뿐이었다. 하루는 길었지만 급식은 하루 단 한 번뿐이었다. 찰기가 없어 불면 날아갈 것만 같은 흰밥과 멀건 국물로만 되어 있는 달(Dal)이 전부다.

그마저도 때를 놓치면 받을 수 있는 방법이 없어 아침이면 집집마다 최소 한 사람은 나와 배식을 받는다. 배식이 끝나면 모두 각자의 집으로 흩어진다. 그리고 다시 밥과 달이 주어질 내일을 기다리는 것이 일과의 전부였다.

그렇게 무료하고 공허한 기다림 속으로 바르구르 교회 사람들은 삼삼오오 짝을 이루어 들어갔다. 그들의 등장은 혼돈 속에 질서와 같았고, 어둠 속에 빛처럼 느껴졌다.

그들은 밥을 먹는 일만큼이나 자신들이 사랑하는 하나님의 말씀을 먹는 일에 더 마음을 드린다고 말하는 신기한 사람들이었다. 마음을 드리는 것이 어떠한 것인지 마을 사람들은 궁금해 했다.

어떤 때는 먹을 것이 없는 상황에서도 이상하리만큼 기뻐하고 자유로움을 선보인 사람들이었다. 정말 그들의 마음에는 곡식과 새 포도주가 집안 가득할 때보다 더 기쁨이 차고 넘치는 것처럼 보였다. 그리고 그것이 예수 그리스도라고 고백했다.

그들은 그들이 가지고 있는 부요함의 자리로, 풍성함의 자리로 가족과 친구, 이웃들을 초대하는 일이 다반사였다. 먹고 마시는 눈에 보이는 음식 뿐 아니라, 복과 생명과 구원의 길이 맞닿아 있는 생명의 떡을 함께 먹도록 초대하는 일을 멈추지 않았다.

아이들이 아이들다워지다

시간이 흐를수록, 바르구르 교회 사람들과 바르구르 마을 주민들 사이에 흐르던 긴장과 경계가 흐려졌다. 교회가 생겼을 초기만 해도 교회는 주민들에게 무언가를 채워주는 곳이기만 했다.

그러나 여러 환란과 역경의 시간들을 교회와 함께 지나오며 교회라는 곳에 대한 이해와 인식이 달라지기 시작했다. 물론, 바르구르 교회가 여전히 한센인들과 그들의 필요에 관심을 기울이고 있는 것은 사실이지만 당장 눈에 보이는 의식주만을 해결하는 것이 아니라 그것을 넘어선, 더 큰 무언가를 주려 한다는 사실을 마을 주민들이 알게 된 것이다. 그것은 이제까지 맛보지 못했던 좋은 것이고 선한 것이며 근원적인 것이란 사실을 마을 주민들도 알게 되었다. 그것은 영원과 맞닿는 것이었다.

그러던 어느 날, 몇몇 한센인 부모들이 다니엘 목사를 찾아왔다. 그들의 자녀를 가르쳐 달라는 요청이었다. 부모인 자신들이 한센병을 앓고 있다 보니 아이들이 여느 아이들처럼 학교에 가서 공부하기가 어렵다는 것이다. 다른 아이들의 차별과 냉담함 때문이었다.

인도 문화 안에도 예전 한국에서와 같이 한센병은 하늘이 내린 형벌이며 절대로 가까이 해서는 안 되는 전염병이라는 잘못된 인식이 있었다. 자녀들의 경우, 한센병에 감염되지 않은 상태였지만 사람들이 가진 무지와 죄성으로 인해 세상이 주는 편견과 차별로 고통을 받았다.

한센인 부모들은 진심으로 아이들만큼은 자신과 다르게, 사람답게 살아가길 원했다. 그 마음을 십분 이해했다. 아이들마저 세상을 등지게 해서는 안 된다. 어렵더라도 세상 속에 있어야 했다. 아이들이 당장의 상처를 피해 학교를 떠나 공부를 하게 되면 결국 사회적으로 고립되어 일반적으로 누릴 수 있는 기회들을 상실하게 된다.

다니엘 목사와 교회의 리더십들은 이 부분을 놓고 머리를 맞대기 시작했다. 아이들이 세상 속에서 부대끼며 살아가도록 힘을 길러주어야 한다는 쪽으로 의견이 모아졌다. 다니엘 목사는 이 일에 관계된 한센인 부모들과 마을 리더들, 교회 지도자들과의 만남을 통해 아이들이 세상 속에서 튼튼하게 자라날 수 있도록 힘과 마음을 함께 모으기로 결의를 다졌다.

실제로, 한센병을 앓고 있는 한센인 부모들은 마음이 있어도 자녀들을 돌볼 여력이 거의 없다. 자신이 짊어진 육체의 고통 앞에서 한 몸 건사하기도 어려울 때가 많다. 그렇기에 이런 연약한 부모의 어려움을 부모에게만 떠맡기지 않고 바르구르 공동체가 함께 감당해 가기로 한 것이다.

한국도 한때는 마을이 아이들을 함께 키운 적이 있었다. 아이들은 잘 자랐다. 서로가 서로에게 지지와 디딤이 되었기 때문에. 누가 먼저랄 것도 없이 아이들을 함께 돌보았기에.

우선, 아이들이 건강한 정체성을 갖도록 바르구르 교회 목자들과 부모들, 마을 어른들이 열심을 내었다. 동시에 학교에 갈 수 없게끔 만드는 요인들을 파악하여 해결책을 마련하는 수고가 뒤따랐다. 결국 한센인에 대한 편견은 쉽사리 없어질 수 있는 것은 아니지만, 교회와 마을 리더들이 중심이 되어 외부와 소통하고 계속적으로 한센병이 완치 가능한 질병이라는 이야기를 해야 한다는 의견이 모아졌다.

다른 한편으로, 바르구르에 사는 아이들의 학습 정도가 실제 다른 마을 아이들에 비해 저하되어 있는 것이 사실이니 아이들의 능력 배양을 위한 방과 후 학교 출범을 제의하였다. 교회 안에서 교회학교 교사들을 통해 이 일들을 모두 감당할 수 있었지만, 다니엘 목사는 일부러 마을의 청년들을 찾아가 이 일에 합류할 것을 제안했다. 그리하여 그들과의 즐거운 동역이 바르구르 교회 내에서 날마다 진행되었다. 지역 사회를 섬기는데 있어 신자와 비신자를 구분하지 않고 함께 할 수 있는 사역들을 통해 서로 관계하며 자라가는 경험을 쌓게 되었다. 그리고 그 유익을 우리 어린 아이들이 누리고 있는 것이다.

어느 누구의 돌봄 없이 마을 안과 밖을 떠돌며 하릴없이 유리방황하던 아이들이 날마다 찾아갈 수 있는 열린 공간이 생겼다. 무엇보다 자신들의 이야기에 귀를 기울여주고 자신들의 부족함을 탓하지 않고 함께 채워가는 언니, 오빠들을 갖게 되었다. 처음에는 쭈뼛쭈뼛 교회를 맴돌던 아이들이 친구 따라 교회로 들어오기 시작하니 나중엔 공간이 모자랄 지경이 되었다. 2016년 시작한 방과 후 학교는 현재 매일 80여 명이 모이는 왁자지껄한 아이들의 참새 방앗간이요, 놀이터가 되었다.

텅 빈 마음이 사랑과 관심으로 채워지는 기쁨은 어른이나 아이나 매일반이다. 주위에 무관심할 수밖에 없던 어른들밖에 없었을 땐 아이 또한 만사 무관심한 아이로 자라갔지만, 사랑을 부어주니 그 사랑을 받고 다시 누군가를 사랑할 줄 아는 아이로 자라갔다. 그것을 누구보다 빨리 눈치 챈 사람들이 바로 아이들을 위탁한 부모들이었다. 아이들의 건강한 변화가, 회복이 다시 한센인 부모들에게 큰 위안과 소망이 되었다.

부모 자신들도 하루빨리 낫기를, 온전히 낫기를, 그래서 사랑하는 이 아이들과 일상을 누리게 되기를 더욱 간절히 바라게 되었다. 그렇게 바르구르 교회를 통해 많은 사람들이 아이들의 곁에서, 서로 있는 그대로의 모습을 따뜻한 시선으로 바라보는 공동체로 자라가고 있었다. 서로의 부족함을 채워주는 울타리가 되어가고 있었다. 부모들은 말했다. 이제야 아이들이 아이들다워졌다고.

밥 해주는 권사님

주중 방과 후 학교, 주말과 주일 어린이·청소년 교회 학교, 그리고 장년들의 모임까지 교회가 북적북적해졌다. 불과 얼마 전까지만 해도 잘해야 20여 명이 모여 예배를 드리던 교회였다. 물론 그 시절도 행복하고 감사했다. 바르구르에 예배자들이 존재한다는 사실과 모여서 함께 예배드릴 수 있는 처소가 있다는 것만으로도 감사했다. 그랬던 교회가 점점 북적북적해진 것이다.

이 시기를 함께 지나온 권사님이 한 분 계시다. 권사님은 부족함과 궁핍함 사이를 오가는 바르구르 교회를 안타까워하며 연약하고 보잘 것 없지만 자신이 교회를 위해 할 수 있는 일이 무엇일까 고민하다가 모인 사람들을 위한 식사를 준비하는 일을 자원하였다. 우리로 치면 밥 해주는 권사님을 자처한 것이다.

하루가 다르게 점점 더 많은 사람들이 교회로 오고 있었다. 한 끼였지만 식사를 만든다는 일이 그렇게 녹록치만은 않았다. 바르구르 교회엔 그때까지만 해도 상하수도 시설이나 전기 시설이 없어 다른 곳에서 물을 길어와 교회 밖 시멘트 바닥에 앉아 음식을 만들고 설거지를 해야 하는 상황이었기 때문이다. 누가 돈을 준다면 그 돈을 받고 할 사람이 있을 수도 있겠지만, 그렇지 않고서는 선뜻 나서기 힘든 그야말로 허드렛일이었다.

그러나 권사님 안에 성령께서 주시는 감동이 부어지니 순종의 열매가 맺혔다. 새벽부터 땀을 흘리며 밥을 짓고 야채를 다듬고 볶아냈다. 그녀가 땀 흘려 정성껏 만들어 낸 비리야니(Biryani, 인도식 볶음밥)를 타고 사랑은 번져갔다.

그 밥을 먹고 여러 지체가 설거지를 자청한다. 다음 주엔 자기도 뭐라도 돕겠다며 머쓱한 인사를 하고 떠난다. 돕는 손길들이 더해졌다. 권사님의 섬김이 마중물이 되었다.

한국 속담에 먹으면서 정이 난다는 이야기가 있다. 인도도 마찬가지다. 아니 사람이 다 그런 것 같다. 그러니 예수님께서도 제자들, 세리들, 죄인들과 늘 함께 식사를 하신 것이 아니겠는가. 무언가를 함께 먹는 행위를 통해 우리의 관계는 시작된다. 함께 먹는 일을 통해 이야기를 나누고, 맞장구를 치기도 하고 때론 다투기도 한다. 관계가 있어진다. 그것이 일상이다. 바르구르 교회를 통해 바르구르 사람들 안에 일상이 회복되고 있었다.

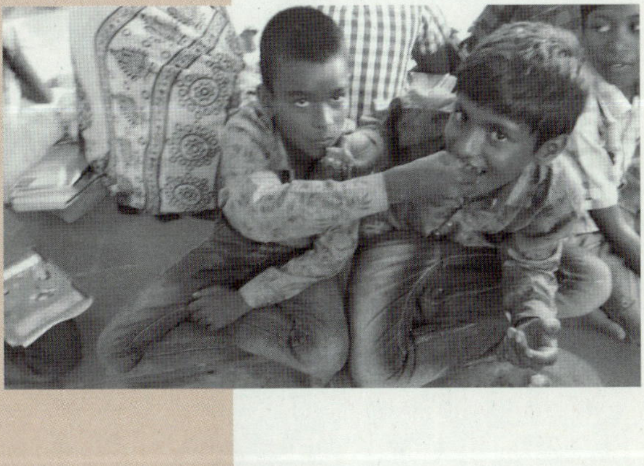

Capter 7

어떤 사마리아 사람은 여행하는 중 거기 이르러

그를 보고 불쌍히 여겨 가까이 가서 (눅 10:33-34)

자신들보다

더 가난한 사람들의

친구가 되다

자신들보다 더 가난한 사람들의 친구가 되다

우리가 찾은 한센인 공동체 안나 나가르와 사마다나 나가르 마을이 있는 바르구르는 인도 남단의 타밀나두주에 위치해있다. 타밀나두주는 인도의 대표적인 산업 단지다. 정부가 주력 육성하고 있는 자동차 산업, IT 산업 등을 위한 복합단지들이 많다.

그러나 이곳에서 그리 멀리 떨어져 있지 않은 한센인 공동체 마을은 딴 세상이다. 안나 나가르와 사마다나 나가르엔 사회의 주류로 들어갈 수 없는 사람들, 예전이라면 카스트의 하위 그룹에 속하는 사람들, 또는 그마저도 허락받지 못한 사람들이 마을과 부락을 이루어 살아가고 있다. 한센인들 외에도 에이즈 환자들, 정신 지체인들이 그 부근에 모여 살고 있다.

인도의 경우, 남아프리카 공화국과 나이지리아에 이어 에이즈 환자의 수가 세계에서 세 번째로 많다. 전체 250만 명 중 모자 감염으로 인한 어린이 에이즈 환자가 약 5만 명으로 추산된다. 에이즈에 대한 인식이 낮아 감염 예방이 잘 안 되는데다, 발병 이후에도 경제적인 상황으로 인해 제때에 치료를 받을 수 없어 상황은 계속 악화 일로다.

지체 장애인에 관한 인식이나 그들이 처한 상황 또한 에이즈 환자들과 매일반이다. 어쩌면 더 열악할 수도 있다. 인도 당국이 대책을 세워가고 있지만 그것만으로는 역부족이다.

이 일에 전문성을 가지고 있는 단체 뿐 아니라, 그들 곁에서 용기를 북돋아주며 삶의 무거운 짐을 함께 져 줄 친구들이 필요하다. 전문가야 일주일에 한 번, 한 달에 한 번 만나지만, 친구들은 일상을 공유하는 사람들이니까 그렇다.

그 친구됨, 그들의 이웃됨을 세상이 버린 작은 한센인 공동체인 바르구르가 감당하고 있다. 이것은 아무도 기대하지도 예상하지도 않았던 시나리오다. 바르구르가 어떤 동네였던가! 성경의 표현대로 하자면, 선한 것이라고는 아무것도 없는 동네였다. 세상이 거절하고 외면하여 세상으로부터 내어쫓김을 당한 공동체가 바로 바르구르다. 그러나 기쁜 소식, 복음이신 예수 그리스도를 만나며 고통의 시간을 정면으로 뚫고 나가는 인내를 배우게 되었고 마을 사람들이, 마을이 바뀌기 시작했다. 그 변화의 시작! 그 변화의 용기는 바랄 수 없는 그 때에 바르구르 사람들 곁으로 조건 없이 다가와 따뜻한 눈길과 손길을 건네준 믿음의 친구들로부터 시작되었다. 사랑은 행동을 통해 흘러간다. 그리고 그 직접적인 섬김을 통해 기분 좋은 변화를 경험한 바르구르가 또 다른 약자들에게 다시 손을 건네게 된 것이다.

바르구르는 자신들보다 더 가난한 사람들, 세상에서 무시당한 채 지난 날 자신들처럼 사그라져가는 인생들에게 기꺼이 찾아가 그들이 받은 사랑을 값없이 나누는 공동체로 자라가는 중이다. 이 일에 바르구르 교회가 징검다리요 격려자가 되고 있다.

에이즈 환자들이 사는 마을과 정신지체 장애아동 학교를 정기적으로 찾아가 그들과 한 자리에서 함께 먹고 함께 마신다. 그것은 별 것이 아니지만, 일상이고, 일상을 함께 누리는 것이야말로 회복에 가장 좋은 약이다. 바르구르 사람들은 이것을 누구보다 잘 알고 있었다.

사람이 모이는 마을, 바르구르

인도가 넓은 나라이기도 하지만, 웬만한 인도 사람들은 바르구르를 알지 못한다. 바르구르는 세상 말로 유명한 것이 없는, 그래서 그 누구에게도 주목받지 못하는 마을이다. 그것은 바르구르가 속해있는 바르구르 지역의 교회들 사이에서도 마찬가지였다.

그랬던 바르구르 교회에 어느 날 18명의 목회자들이 모이게 되었다. 바로 바르구르 지역 교회 지도자들의 연합 모임이었다. 한국은 목회자간 연합 모임이나 교제들이 종종, 때론 자주 일어나지만 다니엘 목사가 사역하는 바르구르 지역에서는 흔치 않은 일이다.

더군다나 다니엘 목사가 시무하는 바르구르 복음교회의 경우, 일반적인 목회 사역이 아닌 특수 사역을 감당하고 있다. 한센인들과 에이즈 환자들, 그리고 정신지체를 가진 사람들을 섬기고 이들과 지체됨을 이루는 이 사역은 다른 교회들과 목회자들 사이에서도 아웃사이더 사역에 해당한다. 목회적 성공과는 거리가 먼 마이너들로 분류되었다. 한마디로 관심 밖이었던 것이다.

그러나 어느 날부터 몇몇 목회자들이 다니엘 목사에게 연락을 해 도대체 바르구르에서 무슨 일이 일어나고 있는지를 물어오기 시작했다. 그것은 변화할 수 없다고 믿었던 마을, 더 이상 그 어떠한 가능성도 없다고 단정했던 마을 바르구르가 바뀌었기 때문이다.

누구도 그 엄청난 변화를 부인할 수가 없었다. 그것은 일시적인 움직임 정도가 아니었다. 바르구르에는 종전에 찾아볼 수 없었던 생기가 있었다. 아무것도 가진 것이 없는 이들이고 병까지 얻은 이들이니 평생 외부의 도움이 아니고서는 살아갈 수 없는 이들인 줄 알았다. 그런데 그들이 자신들보다 더 연약한 누군가를 섬기겠다며 자신에게도 요긴한 것들을 조금씩 내어놓는 모습이 그 지역에서도 화제가 되었다.

바르구르 인근 지역의 목회자들은 자신의 사역지에서 만나게 되는 장애인들이나 환자들과 같은 사회적 약자들을 성도로, 교회의 구성원으로, 또 누군가를 섬기는 통로로 생각해 본 적이 거의 없었기에 바르구르의 변화는 크고 새로운 것으로 다가왔다. 오히려 제대로, 아무것도 할 수 없어 보이는 연약한 이들과 함께 세상을 향했던 바르구르 교회가 계속 성장하는 것을 보며 그냥 바라만 보고 있을 수는 없겠다 싶어 만남을 자청한 것이다.

"다니엘 목사, 어떻게 해서 그런 일이 가능했는가?

마을이 통째로 변하여 모두가 예배를 드릴 수 있게 되었지?

도대체 무슨 일이 있었던 거야?

그 고질적인 한센병이 나았다면서?

그리고 그 마을사람들이 이제 경제적 자립을 하도록 이른 새벽부터 일하기 시작했다면서?

교회 어린이들이 날마다 교회와서 방과후 학교를 통해 변화되고 있다면서?...."

이제 인근 마을에서 수많은 목회자들이 바르구르 이야기를 듣고 싶어 몰려오기 시작했다. 마침내 2017년 11월, 나누어주기를 좋아하는 다니엘 목사는 바르구르에서 있었던 일에 귀 기울이는 모든 목회자들을 교회로 초대했고, 손수 마련한 식사를 대접하며 이야기를 나누었다. 한센인과 사역에 대해 오해와 편견을 가지고 있어 도망갔던 지난 이야기부터 국제의료봉사회를 만난 이야기, 그리고 지금에 이르기까지 (한센인들을 포함한) 수많은 사람들과 나누었던 우정에 관계된 이야기들을 허심탄회하게 나누었다. 무엇보다 하나님의 이끄심과 인도하심에 관해 확신하며 이야기를 나누었다. 그리고 말미에 그곳에 모인 목회자들에게 마음을 담아 부탁하였다. 장애인들이나 환자와 같은 사회적 약자들을 교회가 품지 않으면 누가 품겠는지를, 그리고 이들을 교회가 품는 순간 교회가 교회다워진다는 것을, 그들 또한 하나님을 예배하게 되고 그 사랑의 힘으로 곁에 있는 이웃들을 돌아보는 하나님의 특사로 함께 자라간다는 것을 간증하였다.

이렇게 시작된 바르구르 목회자들의 모임이 현재 두 달에 한 번씩 지속되고 있다. 이 모임을 통해 주 안에서 서로의 마음과 생각을 열어감으로써 그들을 막고 있던 막힌 담들이 허물어져가는 놀라운 경험들이 일어나는 것을 중보하며 지켜보게 되었다. 서로가 서로를 향해 가지고 있던 편견들을 깨닫고 회개하며 주 예수 그리스도를 머리로, 모든 이가 지체됨을 인정하며 하나의 몸으로 자라가도록 이 모임이 거룩한 통로가 되길 기도하고 있다.

2018년 7월 2일 장신대 낙운해 교수와 서울여대 이성봉교수의 바르구르 방문은 놀라운 기적의 연속이었다. 미리 주변에 있는 목회자들이 모이도록 광고를 했기 때문에 여느 모임 때보다 많은 목회자들이 찾아왔다. 세미나가 시작된 후로는 단 한명도 초점을 흐리지 않고 아주 집중하여 경청하면서 단 한마디라도 놓치지 않기 위해 애를 썼다. 이 모습을 보면서 바르구르 아니 인도 선교 사역의 또 다른 가능성을 경험하게 되었다.

함께 했던 교수들도 “세미나를 더 키워야겠습니다. 그리고 하루가 아니라 일주일씩 특별 프로그램을 해야 할 것 같습니다. 솜이 물을 머금듯 한 톨도 땅에 떨어뜨리지 않고 모두 흡수해 버리는 이런 현장은 처음입니다” 며 감탄했다.

한센병 퇴치를 위한 의료진들의 연합 필요

그렇게 자신보다 더 연약한 이들을 향해 힘껏 팔을 벌리는 바르구르! 우리는 바르구르가 이 시간들을 통해 하나님을 의지하며 하나님 나라가 그 땅에 드러나는 기쁨을 누리게 되길 원한다.

쉴 곳을 찾아 공중을 날아다니는 새들이 안전하게 거할 수 있는 처소, 새끼를 낳고 기르며 다음 비행을 준비할 수 있는 재생산의 공간으로 계속 바르구르가 자라기 위해서는 아직 많은 것들이 필요하다. 이 필요를 채우는데 많은 은사를 받은 자들이 꼭 함께 할 수 있기를 소망한다.

그것은 바르구르를 찾아와 함께 일상을 누림으로 일어날 수도 있지만, 꼭 찾아오지 않더라도 가능하다. 우선 있는 자리에서 중보기도로 함께 할 수 있고, 둘째로 인터넷을 이용한 협력 지원의 형

태로 동참할 수 있다. 우리가 하는 일의 많고 적음을 떠나 짧은 기간, 작은 일에 국한된 섬김이라고 할지라도 충성스런 마음을 다할 때, 거기서부터 선한 영향력이 흘러나온다고 믿는다. 그것이 선교적인 삶(Missional Life)이며 크리스천이라면 끝까지 붙잡고 나아가야 하는 삶이다.

한센병 치료에 있어 중요한 축 중 하나가 의료적 지원이다. 의료진의 관리 하에 일정 기간 투약을 진행하면 한센병은 완치될 수 있다. 한센병이 발병하는 국가들의 경우, 대도시를 중심으로 완치에 관한 다양한 캠페인들을 펼치고 있어 한센병 환자들의 의료 기관 접근성이 비교적 높은 편이다.

그러나 산간 지역이나 도서 벽지로 갈수록 치료 기회들이 현저히 줄어든다. 그러나 나균은 감염 초기에 감염 여부를 확인하여 치료하면 신체 변형과 같은 영구적인 손상이 일어나지 않는다. 이것은 한센인이 총체적 빈곤 상황에 처하지 않도록 미연에 방지하는 것과 같은 의미이기도 하다. 따라서 환자를 우선 찾아내는 것은 한센병 퇴치와 정복을 위해 매우 중요하다.

우리는 이미 적지 않은 수의 환자들이 사각지대에 놓여 있다고 본다. 우리는 이 환자들까지 완치(퇴치)의 대상으로 보고 이들을 찾아 나서기 위한 이동형 진료 버스인 '케어버스(Case Bus)' 운영을 준비 중에 있다. 세상 밖으로 떠밀려 사각 지대에 살 수 밖에 없는 한센인들을 찾아 필요한 응급 조치들을 제공하는 것은 물론 지속적인 치료와 한센병의 재발 및 예방을 위해 해당 국가가 운영하는 공적 의료 시스템 안으로 한센인들이 진입할 수 있도록 돕는 것이 케어버스의 목적이다.

또한 보이지 않는다는 이유로 허수로 처리되는 한센인들의 실상을 객관적으로 집계하여 관련 자료들을 UN과 같은 국제사회에 보고해 예산과 약품, 인력 및 자원들이 허투루 사용되지 않고 말단에까지 이르도록 돕고자 한다.

최상위로부터 한센병 퇴치를 위한 수많은 방법과 시스템들이 지원 가동되고 있지만, 그것이 말단에까지 이르지 않아 한센인들의 삶이 여전히 고통 속에 있다면, 아래로부터 올라가는 액션을 병행하는 것이 지구상 한센병 퇴치에 미력하나마 도움이 되는 구체적인 발걸음이라 생각한다. 두 방향으로부터 시작된 개선의 노력들이 맞닿을 때, 한센병으로 인한 개인의, 가정의, 공동체의 고통이 지구상에서 멈추어질 것이다.

이 일에 다양한 사람들의 도움과 연합이 필요하지만, 무엇보다 의료인들의 동참이 절실함은 두말할 나위가 없다. 한센병은 의료진의 관리와 관찰 아래 여러 종류의 항생제를 함께 쓰는 병합요법을 진행해야 한다.

또한 한센병으로 인한 합병증과 함께 일반적인 질병 치료도 함께 다뤄져야 한다. 한센인들의 경우 비한센인들과 마찬가지로 일반적인 질병의 위험에 동일하게 노출되어 있다. 피부과 외에도 내과, 안과, 이비인후과, 영상의학과, 성형외과, 외과, 임상병리과 등의 진료가 함께 이루어져야 한다. 전문 의료진들의 장단기 사역 동참을 통해 우리 시대에 한센병의 퇴치가 이루어지길 꿈꾼다.

현지 바르구르 교회와의 동역의 기쁨

지난 4년 동안 여섯 차례에 걸쳐 바르구르를 방문하면서 우리는 많은 은혜를 경험했다. 그 가운데 가장 큰 은혜는 바르구르의 회복을 소망할 수 있도록 우리에게 동역할 수 있는 동역자 그룹을 허락하셨다는 사실이다.

아무리 좋은 계획을 가지고 있다고 하더라도 멀리 떨어져 있기에 한센인들이 살아가는 일상에서 주의 심장을 가지고 주님처럼 그들의 손과 발이 되어줄 친구와 이웃들이 없었다면 우리는 무익한 종이 되었을 것이다. 그러나 신실하신 여호와ㅇ 이레의 하나님께서 우리보다 앞서 모든 것을 예비하시고 공급하신 덕분에, 아니 이미 시작하신 하나님의 씨뿌리기로부터 추수까지 우리에게 동참의 기회를 허락해 주신 덕분에 우리는 지금까지 다니엘 목사와 바르구르 교회의 모든 친구들과 동역의 기쁨을 함께 나누고 누리고 있다.

바르구르가 바뀌어 가는 변화도 감사하지만, 이 시간들을 지나며 인도의 많은 친구들과 점점 더 깊은 사귐을 가질 수 있음이 특별하다. 우리는 멀리 떨어져 있지만 서로 알아가고 있고, 이해를 더해가고 있다.

감사하게도 현재까지 바르구르 교회가 예수님을 중심으로 잘 자라가고 있다. 또한 그 영향력들이 이웃 마을과 주변 다른 현지 목회자들에게 흘러가 많은 사람들이 바르구르의 변화에 이목을 집중하게 되었다. 그곳엔 하나님이 계시다. 하나님만이 드러나시길! 바르구르가 계속적으로 주님 안에 거하며 하나님 안에서 자라가며 성령의 열매들이 더욱 맺힐 것이다.

우리는 바르구르와 이웃들을 섬기는 바르구르 교회가 그래서 하나님을 아는 일, 그리고 알게 되어 맛보게 된 하나님을 향기로, 편

지로 살아낼 수 있도록 필요한 과정들로 바르구르 목회자들을 돕기 원한다. 바르구르 교회의 목회자들 모두 신학의 과정을 마쳤지만 건강한 목양을 위한 목회자 연장 교육들의 지속적인 제공이 필요하다. 최근 들어 다니엘 목사를 중심으로 인근 지역의 목회자들이 함께 모여 목회 경험들을 나누며 관점의 변화가 생겨나고 있다.

그들 대부분은 그동안 자신이 목양하는 교회 자체에만 초점을 두어 왔다. 그러나 바르구르 교회와의 교제를 통해 '그렇다면 교회가 지역 사회를 섬기는 것이 필요한가?' 또는 '교회가 어떻게 지역사회를 섬길 수 있을까'를 논의하기 시작했다.

외부의 요청이 아니라, 내부적인 관계에 기반을 두고 자연스럽게 만들어진 이러한 모임들과 구성원들을 대상으로 우리가 경험한 변화와 이를 통한 관점들을 서로 나눌 때, 현지 목회자들에게 하나님의 통찰력이 더해질 것이라 기대한다. 교회 안에만 머무는 복음이 아니라 교회를 가득 채우고 반드시 세상으로 흘러가는 복음에 대한 하나님의 마음이 바르구르를 지나 인도 전역으로 퍼져가길 소망한다.

하나님과 세상 사이 결렬된 틈으로 먼저는 목회자들이 들어갈 수 있도록, 그리고 범죄함으로 연약함과 곤궁함을 면치 못하는 양들을 위해 중보기도하며 구체적인 회복의 길로 인도할 수 있도록 인도 현지 목회자들과 친구가 될, 이웃이 될, 멘토가 될 동역자들을 기다린다.

교사를 양육할 영적 산파들을 기다리며

하나님은 바르구르 교회 안에 하나님을 닮은 하나님의 사람들을 보내주시고 훈련하셔서 일으키셨다. 교회 성도들 대부분은 비슷비슷한 아픔을 가지고 있는 사람들이다. 본인이 한센인인 경우도 있고, 또는 사랑하는 가족 중 한사람이 한센인이기도 하다. 공통적으로 깨어짐을 경험한 이들이다. 상한 심령의 사람들이다.

우리는 그들이 하나님을 만나며 자신의 한계에서 벗어나 또 다른 이들을 일으키는 교사로 세워지길 기도하고 있다. 하나님께서 이미 설계하여 내재하여 주신 인생의 잠재력들을 믿고 나아가길, 인생의 수많은 문제 앞에서 하나님의 말씀을 기억하고 그 말씀대로 살아가는 본으로서의 선생이 되길 기도하고 있다. 이렇듯 '사람을 낚는 어부'로서의 부르심에 합당한 자들로 훈련함이 마땅하다.

하지만 안타깝게도 바르구르 교회에는 이를 위한 훈련 프로그램들이 거의 없다. 바르구르 교회의 경우 개교회 중심인 독립교회의 형태이다 보니 교단 차원의 훈련을 지원받기 어렵다. 바르구르 교회가 자체적으로 그러한 훈련 시스템을 만들 수 있는 여력은 더욱 없다.

현지에 있는 몇몇 한국인 선교사들과 인연이 닿아 상황을 설명하고 동역을 제안한 바 있지만, 아직까지 함께 씨를 뿌리지 못해 안타까움이 크다. 그러나 분명 이 일에 하나님께서 주시는 긍휼의 마음을 가지고 바르구르 교회 내 교사를 양육할 영적 산파들이 곧 일어나리라 기대하기를 멈추지 않고 있다. 바르구르 교회 목회자들에게도 동일한 열망이 있다.

또, 아이들을 가르칠 때 참고할 수 있는, 또는 활용할 수 있는 주일학교 프로그램을 기획하고 준비하는 일을 함께 감당할 손길들도 절실하다. 색종이 하나, 크레파스 하나, 색연필 하나로라도 그리고 오리며 함께 붙일 따뜻한 마음들이 필요하다.

멀리까지 시간을 내어 오기가 어려울 수 있으니 호흡하는 그 자리에서 바르구르의 아이들을 떠올리며 기도할 때 하나님께서 주시는 성령으로 준비한 기획이나 아이템들을 국제의료봉사회를 통해 전달해주기를 바란다. 내가 직접 가교가 될 수도 있고, 준비된 가교를 통해 각자에게 부으신 사랑을 전달할 수도 있다. 중요한 것은 마음이다.

바르구르의 경제적 자립을 지원하자

우리는 양 기르기와 같은 목축 외에도 특성화 작물 재배처럼 고부가치를 창출할 수 있는 농업 분야의 경험자들이 바르구르를 방문하여 한센인들과 교류하며 가지고 있는 은사들을 나누어주길 기다리고 있다.

한센인들의 경우, 개인차가 있기는 하지만 바르구르의 경우 오랜 병증으로 인해 장애가 있는 경우가 일반적이다. 국제의료봉사회는 한센병으로 인해 장애 정도가 심한 개인의 특성을 반영한 의수 의족을 지원해 노동력을 회복시키는 사역을 준비 중에 있다.

노동력을 되찾는 것은 일상을 영위하고 유지할 힘을 기르는 것과 맞닿아 있다. 그것이 삶의 유지에 필요한 전부라고 말할 수는 없지만, 중요하고 필요한 구성 요소라는 사실은 부인할 수가 없다.

한센인 스스로 자신의 삶을 규모 있게 가꾸어 가고, 가족들을 돌

보며, 공동체에 기여하는 구성원으로 자리매김할 수 있도록 우리는 한센인 개인과 가정의 경제적인 자립을 지원하는 다양한 사역들을 기획하려고 한다. 이를 위한 전문가들과 직업 훈련 프로그램에 관한 자문을 기다린다. 협력의 과정과 기쁨을 통해 이루어져 가는 놀라운 선물들이 바르구르를 회복시킬 것을 믿어 의심치 않는다.

새로운 시그널 – 인도네시아 시타날라

바르구르의 소식이 인근 다른 지역으로 흘러가 그들의 마음도 생각도 변화를 경험하게 되었다는 소식이 우리에게 기쁨이 되고 있었다.

그러던 2017년의 3월, 인도네시아에서 의료 사역을 하고 있는 최영미 선교사로부터 연락을 받게 되었다. 임상병리사인 최 선교사가 시타날라(Sitanala)라는 지역에 들어가게 되었는데 가보니 이 지역이 한센인 거주 밀집지역이더란 것이다. 시타날라는 수도 자카르타에서 차로 30분도 안되는 거리에 있는 지역이다.

한센병에 대해 잘 모르지만 한 눈에 보아도 병증의 정도가 너무 심각한데 손을 쓸 수도, 손을 놓고 있을 수만도 없더라는 것이다.

우선은 돌아와 기도하며 이런 저런 방법들을 찾던 가운데 인터넷을 통해 우연히 국제의료봉사회를 알게 되었고 그곳에서 인도의 한센인 공동체 바르구르에 부어진 하나님의 놀라운 회복 이야기, 복음의 전진을 목도하게 된 것이다. 최선교사는 우리에게 바로 연락을 취해왔고 그 곳의 상황을 자세하게 설명하였다. 간곡한 소망을 담아.

당시만 해도 우리는 인도 바르구르의 자립이 어느 정도 궤도에 오를 때까지 힘을 분산하지 않기로 한 상태였기 때문에 시타날라의 상황이 안타깝기는 하지만 막바로 어떤 행동을 취하기에는 시기상 적절하지 않다고 여겼다. 대신 하나님의 섭리가 있다면 분명 시타날라로 가게 될 것이니 기도하며 때를 구하기로 하였다.

또한 언제 갈지 알 수 없지만 그 전에 지역 이해를 위해 필요한 현장 조사를 대신 부탁하였다. 관련 자료들이 지체함 없이 국제의료봉사회로 전송되었다. 인도보다 훨씬 그 정도가 심각한 상태였다. 인도네시아 또한 전 세계 신규 한센 환자 발병의 대다수를 차지하는 3개국 중 하나인데, 1만8천여 개의 섬으로 이루어진 지역 특성 상 정부의 케어가 미치지 않는 곳이 적지 않아 그 심각성이 인도를 초월했다. 빨간불을 켜야 하는 상황이었다. 그대로 두어선 안 될 일, 그대로 두면 나빠지는 것 외엔 길이 없는 일이라는 사실을 누구보다 잘 알고 있었다.

그리고 얼마 지나지 않아, 어떤 한 회의에 참석하게 되었다. 회의 말미에 갑자기 인도네시아를 방문할 계획이 있는지를 우리에게 물어왔다. 난데없는 질문이어서 당황스럽기도 했지만 내 입에서 나도 모르게 2018년 초, 어쩌면 2017년도 말 즈음 방문하게 될지도 모르겠다고 답변하게 되었다. 참 이상했다.

사무실로 돌아와 한 시간이 흘렀을 때 씨앗국제학교로부터 연락을 받게 되었다. 학교 개교 후 처음으로 11월에 해외 체험 학습을 진행하려 하는데 국제의료봉사회와 연합하여 한센인들을 섬기는 의료 사역을 경험할 수 있는지를 묻는 전화였다. 모든 준비는 학교가 감당할 터이니 국제의료봉사회는 의료와 관련된 부분만 준비하여 학생들이 이를 경험할 수 있도록 오픈해 달라는 것이었다. 지역은 인도네시아였다.

건너와서 우리를 도우라(행 16:9)

하나님의 새로운 긴급구조요청이었다. 4년 전, 듣도 보도 못한 바르구르가 우리의 삶으로 연결되었던 것처럼 다시, 인도네시아 시타날라를 연결하신 것 같았다. 가만히 있기가 어려워졌다. 하룻동안 기도를 통해 평안의 마음을 확인하고, 다음날부터 한 달여에 걸쳐 인도네시아 방문 준비를 하게 되었다.

장기적으로 인도네시아에서 한센인 공동체 회복을 위한 사역을 우리에게 말씀하시는 것인지, 그렇다면 그 곳은 어떤 곳인지 알아보는 정탐 성격의 여행이었다. 그것이 시작이었다. 그때는 몰랐다. 아주 큰 꿈의 서막이 이미 시작되었다는 것을 ….

MISSIONAL LIFE 2018
CARE BUS
인도네시아
시타날라 한센인들과 함께 떠나는 여행!
2018. 04. 09 ~ 04. 14
의료사역 문화사역 특별한집회 특별한소통 특별한체험
주최 · 주관: 한국기독교한센인선교회 · (사)국제의료봉사회 www.elmedinet.com

Capter 8

건너와서 우리를 도우라 (행 16:9)

한센인 · 비한센인의

연합

새로운 세상을 향한 돛 – 한센인 · 비한센인의 연합

성경은 모든 기록들을 통틀어 복음이 어떻게 삶 속에서, 일상 속에서 작동하여 사람들을 변화시키고, 가정과 사회, 지역 공동체를 하나님 나라로 회복해 가는지에 관한 이야기들을 다루고 있다. 선교적 삶, 미셔널 라이프에 관한 증언책이 성경이라고 보아도 무방하다.

아무 쓸모없어 버려져도 아무렇지도 않은 우리 인생에 복된 소식, 복음이 주어졌다. 예수 그리스도를 통해 구원이 임함으로 우리는 죄의 결박에서 풀려나 자유와 생명으로 옮겨졌다. 놀라운 감격과 풍성한 기쁨은 살아있는 것이기에 나에게서 끝나는 것이 아니라 나를 통해 또 다른 누군가에게로 흘러가려는 성질을 가진다. 또 다른 누군가가 나에게는 한센인들이었다. 그리고 그런 마음을 품게 된 나를 통해 감격과 기쁨이 흘러가 지금도 여러 친구들이 나처럼 한센인들을 마음에 품게 되었다. 그 중 몇몇은 한센인들과 친구가 되었다.

예수님을 통한 죄사함과 거듭남의 은혜는 모든 이에게 값없이 주어진 선물이다. 그러나 이 차별없는 은혜를 받을 수 있는 '모든 이'에 한센인들이 포함되어 있다는 사실을 정작 당사자들은 모른다. 그 발 앞으로 나아와 예수님의 구주되심을 믿음으로 고백하면 주어지는 천국 잔치를 많은 한센인들이 아직도 누리지 못하고 있다. 복음이 그들에게까지 흘러 들어가지 않았기 때문이다. 그들과 우리 사이에 벽이, 장애가 있기 때문이다. 바로 죄성이 빚어낸 편견과 그로 인한 불필요한 차별이다. 한센병 환자가 그렇지 않은 자들과 다르며, 우리는 서로 함께 할 수 없다는 생각들이 복음이 흘러가는 길목을 단단히 막고 있다.

2018년 4월, 우리는 막힌 담을 몸소 무너뜨리셨던 복음이신 예수 그리스도의 사랑에 힘입어 다시 한센인들에게 다가가 일상을 공유하기 위한 특별한 시간을 준비하게 되었다. 바로 시타날라의 한센인들과 함께 떠나는 소풍을 기획하게 되었다. 슬로건은 "소풍, 세상 밖으로"다. 세상 사람들이 주는 편견과 차별로 인한 비진리 속에 갇혀 살아가는 한센인들에게 그리스도인들이 나아가 사랑 가운데 함께 먹고 함께 시간을 보냈다. 다시 함께 일상을 공유하는 실제적인 경험을 통해 서로가 가진 불안과 염려들이 속이는 생각, 즉 진리가 아니었음을 깨닫고 진리인 하나님의 말씀 앞으로 돌아와 말씀대로 살아가도록 서로를 격려하는 사역이었다.

소풍은 하루였지만, 이틀 전부터 시작된 시타날라 의료 봉사와 소풍 전날 진행된 2시간 가량의 문화의 밤 행사를 통해 지역 주민들과 우리 사이에 드리워진 얼음들을 조금씩 깨뜨려갔다.

드디어 2018년 4월 12일! 지역 리더들을 통해 사전 약속이 되어 있던 한센인들과 가족 총 252명과 80여명의 자원봉사자들이 버스를 나누어 타고 테마파크 두판(Dufan)으로 떠났다. 생계를 위한 구걸을 위해 어쩔 수 없이 마을 밖으로 나가는 일마저도 늘 위험과 비난을 감수해야했던 한센인들이었다. 그러나 오늘만큼은 가족과 새로운 친구들과 버스를 타고 나들이를 떠난다!

소풍, 세상 밖으로 - 한센인 가족, 놀이공원에 가다

두판 안쫄 공원에 도착했다. 출입을 위해 모두가 길게 줄을 늘어섰다. 사람이 워낙 많으니 입장하는데도 꽤 시간이 걸렸다. 들어가는 사람마다 손등 위에 도장을 받았다. 자유 이용권이다. 입장을 마친 한센인들과 가족들은 자원 봉사자들과 적당히 짝을 이뤄 누가 먼저랄 것도 없이 각자가 원하는 놀이기구를 타기 위해 사방으로 뻗어 나갔다. 알려준 이도, 가르쳐 준 이도 없었는데 말이다.

그러나 각 놀이기구 앞에 이미 줄을 서 있던 일반 관람객들 사이로 들어갈 때, 자신도 모르게 움찔하며 망설이는 기색이 있었다. 이 때, 자원봉사자들이 한센인들을 부축하거나 손을 잡고 줄을 섰다. 그 모습을 지켜보던 다른 관람객들은 처음엔 예상치 못했던 한센인들의 등장에 잠시 놀라는 듯 했지만, 스스럼 없이 그들과 교제하는 자원봉사자들을 번갈아 보며 긴장을 풀어도 된다고 여겼는지

Piknik, Keluar dari dunia

자신의 원래 관심사로 시선을 옮겨갔다.

한센인들 또한 자신들을 향한 불편한 시선들이 느껴지지 않는 것을 의아해했다. 어제까지만 해도 세상은 자신들에게 이유도 없이 부정적인 시선을 내리꽂는 전쟁터와 같았다. 그런데 하루 사이에 주변이 달라졌다. 곁엔 친구들이 있었고, 이름 모를 이들도 자신들을 향해 특이할 만한 행동을 하지 않는다. 놀라웠다. 안전함을 느낀 한센인들의 발걸음에 한결 즐거움과 여유로움이 묻어났다.

어떤 이는 맘껏 뛰어다니고, 어떤 이는 그늘 막에 앉아 자기 주위를 아무렇지도 않게 오고가는 사람들을 한동안 쳐다보았다. 어떤 이는 가지고 온 카메라 렌즈를 통해 새롭게 펼쳐진 광경들과 느낌들을 부지런히 담았다.

조금 떨어진 곳에서 이런 한센인 가족들을 보고 있자니 이곳이 천국이라는 생각이 들었다. 모든 편견과 아집이 무너져 그 어떤 힘도 가지지 않는 곳. 독사굴에 어린 아이가 손을 넣고 장난을 쳐도 물리지 않으며 사자 굴에서 사자와 함께 뒹굴 수 있는 꿈의 동산. 그곳이 천국일진대 지금 내 눈 앞에 보이는 안쫄 공원의 모습이 딱 그러했다. 한센인들과 비한센인의 구분이 없었다. 하나님의 형상으로 지음 받은 사람일 뿐이었다. 입장의 권리와 자유 이용의 특권이 있음을 믿고 맘껏 그곳을 누리고 기뻐하는 사람들일 뿐이었다. 자유로웠고 즐거웠다. 함께하니 더욱 그러했다. 예수 그리스도를 통

07

해 주어진 죄사함의 은혜를 믿음으로 취한 자가 누릴 수 있는 하나님 나라가 바로 이런 것이 아닐까! 그렇다. 나는 이 소풍에 참여하는 한센인들 뿐 아니라 이 날 함께 한 모든 사람들이 살아서도 하나님 나라를 맛보는 일이 가능하다는 경험을 하도록 돕고 싶었다. 그 소원을 주신 하나님께서 그 나라를 드러내 보여주셨다.

그러나 이 일을 처음 꿈꾸고 사람들에게 나누었을 때, 많은 사람들 안에 의구심이 있었던 것을 기억한다. 그러나 한센인들을 향한 하나님의 마음과 인도하심을 약속하신 하나님을 신뢰하며 혼자 조용히, 묵묵히 준비해 나갔다.

그때만 해도 정말 아무것도 없었다. 마치 가나 혼인잔치에서 빈 항아리를 마주한 하인의 심정이 나와 같았을 것이다. 그러나 주인이 항아리 여섯 개를 물로 채우라는 말씀을 하셨을 때 순종하였던 것처럼 나도 주께서 보여주시는 만큼 보폭을 옮기고 또 옮겼다. 이해가 가지 않을 때도 많았지만 내가 할 수 있는 유일한 순종은 신뢰뿐이었다. 그랬을 뿐인데, 정말 하나님께서 섭리를 행하셨다. 포도주가 떨어지게 된 것을 알고는 예수님께서 하인들에게 돌항아리 여섯 개에 물을 채우라고 하셨을 때, 이해를 떠나 우선 순종한 하인과 같이 말이다.

항아리 물은 나중에 가장 좋은 포도주가 되었고 그 비밀은 온전히 물 떠온 하인만 아는 일이 되었다. 나도 마찬가지로 준비하면서 이 일이 어떻게 전개가 되려는 것인지 도무지 알 수가 없었지만 하나님께서 명령하신 일이니 앞서 나갈 뿐이었다. 그랬을 뿐이었는데 항아리의 물이 최상급 포도주가 된 것이다. 가장 좋은 포도주의 맛이 이런 것이로구나 알 수 있을 법한 맛 말이다.

사람들 사이에 사랑이 부어지며 편견과 차별이 사라지니 화해가 임했다. 그리고 그곳이 누가 가르쳐 주지 않아도 천국이라는 사실을 본능적으로 알 수 있었다. 그 천국이 임하기를 소망하신 하나님, 그 천국을 맛보도록 모든 시나리오를 준비하셨던 하나님을 그제야 조금 깨달아 알게 되었다. 연회장은 물로 된 포도주를 맛보고도 그것이 어디서 났는지 알지 못했지만 물 떠온 하인들은 정확히 아는 기쁨을 누렸다. 내가 바로 그 하인이었다.

하나님은 말씀하시는 하나님이시다. 약속을 주시고 자기의 이름을 위하여 신실히 일하시는 하나님이시다. 그 하나님이 나에게 말씀하셨고, 나로 하여금 순종의 은혜를 주셔서 하나님의 일, 화해를 이 땅 가운데 풀어놓고 드러내는 일들에 동참할 수 있게 해 주셨다.

보다 많은 사람들, 무엇보다 한센인들을 둘러싼 각지에서 이런 화해들이 일어나 하나님의 샬롬이 퍼져가길 소망한다. 차별과 편견의 세상 속에 갇혀 사는 것이 아니라 화해와 소통을 통해 하나의 몸, 교회로 함께 자라나는 일들이 계속적으로 이어지길 간절히 구한다. 또한 나와 함께 빈 항아리를 물로 채워 포도주가 되는 기적을 정확히 목도할 기쁨의 참예자를 기다린다.

사랑의 빚을 갚는 길, 사랑

인도네시아 '소풍, 세상 밖으로'는 시타날라의 252명의 한센인들과 친구됨을 누릴 수 있는 기쁨의 여행이었다. 이 일의 준비 기간은 대략 6개월 정도였고 집중 준비는 3개월 정도였다. 실제 소풍은 당일 하루였지만, 소풍을 위한 사전 행사로 의료 봉사와 콘서트가 함께 펼쳐졌다. 한 가지만 하더라도 작지 않은 규모였는데 인도네시아 한인교회들과 한인 선교사님들이 함께한 덕분으로 세 가지 모두를 알차게 준비하여 치러낼 수 있었다.

이 일의 처음엔 사도행전의 브리스길라와 아굴라 같은 최영미 김동식 선교사님이 있었다. 두 분을 통해 시타날라 기쁨의 잔치와도 같았던 소풍이 준비되고 풀어졌다고 해도 과언이 아니다. 우리를 한인교회인 늘푸른교회 김신섭 목사님께로 인도하고 비전을 나누도록 한 통로도 두 분이다. 무엇보다 두 분을 통해 시타날라의 소식이 우리에게 긴급 타전되었다.

인도네시아의 병약한 이들을 마음에 품고 이들을 치료하며 주의 복음이 증거되길, 그들 모두가 주님의 자녀되길 강력히 원하여 기도하며 행진 중이던 주님의 파워풀한 군사가 바로 최선교사님이다. 성악가인 남편 김선교사님은 자카르타에 있는 웨슬리 신학교에서 교회 음악을 지도하는 교수 선교사이다. 두 부부 선교사님의 권유와 신학교 동료 교수 선교사님들의 의료선교통역으로 함께 하실 수 있었다.

무엇보다 교수님들을 따라 인도네시아 현지 신학생들이 한센인 공동체를 방문해 현장을 접하고 한센인에 대한 이해와 하나님의 마음을 품는 일들이 일어났다. 그리고 그들이 소풍의 전 과정을 함께 하며 시타날라 한센인들의 친구가 되고 이웃이 되어주었다.

소풍을 향한 하나님의 열심을 품은 다른 한 축이 있었는데 바로 한인 교회 목회자들이었다. 이들과 연합하여 소풍을 준비할 수 있었던 것은 전적으로 이 소원을 하나님께서 심어주시고 가꾸어 자라게 하셨기 때문이었다. 하나님의 앞서 가심과 준비하심, 베풀어 주심은 놀라운 것이었다.

소풍을 떠나기 6개월 전, 시타날라 지역에 들어가 보니 그곳에서 10여 년 동안 교회 선교를 감당해 온 교회가 있었다. 땅그랑 교민 교회였다. 알고 보니 신대원 동문인 김원진 목사님이 부교역자로 교회를 섬기고 있었다. 목사님의 가교 역할로 김재봉 담임 목사님을 뵙고 인도 한센인 공동체의 전인적 회복을 향한 꿈과 비전을 나눌 수 있었다. 그리고 얼마 지나지 않아 자카르타에서 시무 중인 신대원 동문 고형돈 목사님(한마음교회)을 통로로 한목협(한국교민교회목회자 협의회) 회장 이명호 목사님을 뵙고 동일한 시간을 가질 수 있었다. 이런 만남이 이루어지는 것도 감사하지만, 무엇보다 감사했던 것은 그 짧은 시간의 나눔을 통해 목사님들에게 함께 기도하고자 하는 마음을 일으켜 주셨다는 것이다.

각 교회들이 1월부터 인도네시아 한센인 공동체, 특별히 시타날라에 복음으로 인한 새바람이 불기를 희망하며 하나님 앞에 기도로 나아가기 시작했다. 아무것도 없는 가운데 소풍을 준비하는 우리에게 가장 큰 격려였고 하나님께서 이루어 가시는 역사에 대해 확신할 수 있었던 계기가 되었다.

주 안에 있던 성도들을 성령께서 깨우셨고, 인도네시아 한센인들을 사랑할 수 있는 뜨거운 마음과 열심을 주셔서 정말 다양한 은사들로 함께 기쁨의 잔치, 소풍을 준비할 수 있었다. 문화의 밤을 구성했던 부채춤과 태권도, 현악기 3중주, 성악의 무대까지 모두 그리스도의 몸된 지체, 시타날라와 자카르타 한인 성도들의 감당이고 섬김이었다. 그 뿐 아니라 한센인들의 소풍을 위해 버스를 빌리고 도시락을 준비할 수 있도록 헌금을 모아 무기명으로 보내주신 교회와 성도님들도 계셨다.

각각의 개교회이지만, 동일한 주님, 한 분이신 예수 그리스도를 머리로 서로가 서로에게 지체됨을 고백하며 더 연약한 사람들을 품고 나아가는 기적의 축제였다.

예수 그리스도를 통한 하나됨은 하나님 아버지의 오랜 소망이다. 이는 지금 이 시간에도 이 꿈을 이룰 하나님 나라의 동역자들, 믿음의 자녀들을 통해 세상 한 가운데 조금씩 드러나고 있다. 하나님의 놀라운 꿈은 성도들의 삶을 통해 가시화된다. '소풍, 세상 밖으로'가 그 하나의 증거가 되길 원한다.

우리가 가지고 있는 기쁜 소식들이 있다. 그 중 단연 귀한 것은 복음이다. 모든 것을 새롭게 할 수 있는 가장 귀한 복음을 복음으로 나타낼 수 있는 방법! 그것은 바로 내가, 우리가, 교회가 복음대로 사는 것이다. 나의 발치에 묶어두고 필요할 때만 곱씹는 제한적 정보가 아니라 만인을 구원하고 기쁨으로 충만케 해 하나님 나라가 임하고 하나님 나라를 드러나게 할 복음에 합당한 삶을 살아가는 것이다. 복음대로 살아가는 것, 예수님처럼 살아가는 것이다. 선교적 삶이란, 복음대로 살아가는 것, 이웃과 함께 서로 사랑하며 살아가는 것이다.

> 새 계명을 너희에게 주노니 서로 사랑하라 내가 너희를 사랑한 것 같이 너희도 서로 사랑하라 너희가 서로 사랑하면 이로써 모든 사람이 너희가 내 제자인줄 알리라 (요13:34-35).

신바람으로 달리는 케어버스

바르구르를 6차례 방문하여 한센인들과 함께하며 점점 질문들이 많아졌다. 전 세계 2천만 한센인들 중 사각지대에 있는 사람들을 어떻게 찾아낼 수 있을까? 그들을 찾는다고 하더라도 어떻게 그들에게 꼭 필요한 치료를 지속적으로 제공할 수 있을까?

고민에 고민을 거듭한 끝에 단순한 답을 얻게 되었다. 사각지대에 있는 한센인들을 우리가 찾아내는 것이다. 그리고 그들이 정규 치료 프로그램의 도움을 받을 수 있도록 우리가 돕는 자가 되는 것이다. 우리가 모든 것을 다 하는 것이 아니라 어디까지나 가교의 역할을 감당하면 된다.

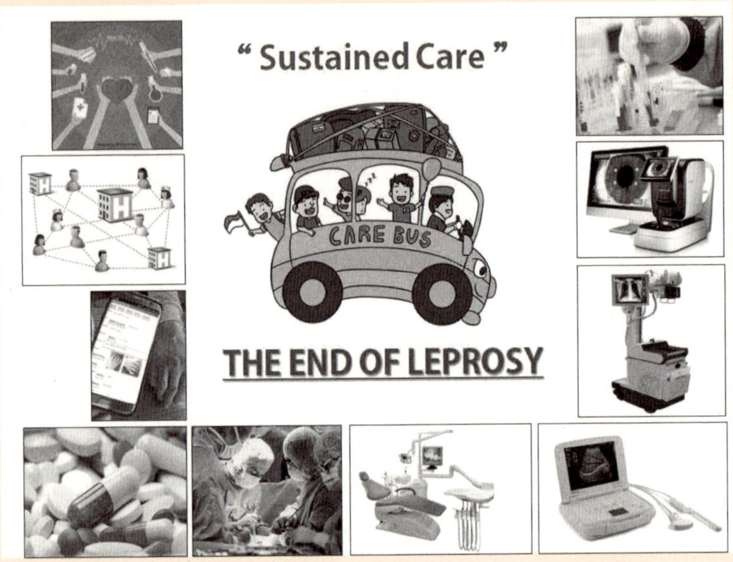

이런 꿈들을 모아 탄생하게 된 것이 바로 한센인을 위한 이동형 진료차 '케어버스(Care Bus)'다. 한센병은 이미 치료제와 관리방법, 정책과 지원, 재활과 갱생, 사회로의 복귀 등 관리 시스템이 거의 모두 완비되어 있는 지구상 몇 안 되는 질병 중 하나이다. 다만 이러한 혜택과 지원들, 방법들을 제공하는 쪽과 제공받는 쪽 간에 연결이 원활하지 못하여 누수가 생긴다. 한센인들의 경우, 한센병이 치료 가능한 질병이라는 사실을 알지 못하는 경우가 많은 바, 이제 우리가 한센인들을 찾아 나서는 것이다. 나을 수 있다는 사실, 이미 완전한 회복이 주어졌다는 복음(good news)을 가지고 말이다.

케어버스에는 한센병을 진단하고, 필요한 긴급 치료들을 위한 기본 장비들이 탑재된다. 31인승 버스 안에는 임상병리, 치과, 안과, 내과 장비 뿐 아니라 디지털 X-Ray와 초음파 검사기(Ultra Sono) 및 간단한 외과 수술을 위한 시설들이 마련되어 있다.

또한 버스에 장착된 인공위성수신 장치를 기반으로 환자 진료 후 작성되는 스마트 차트의 실시간 정보 공유 및 저장을 통해 치료의 지속성과 점진성을 높이고자 한다. 이는 치료 중복을 막기 위한 조치다.

이 모든 일들을 통해 한센병 퇴치가 우리 시대에 이루어지기를 바라는 소망을 안고 현재 시범 운행할 차량을 준비 중에 있다. 관련 의료진 및 의료 약품 등의 후원 및 장단기 협력이 필요하다.

괄목할 만한 준비 중 하나는 스마트 차트 개발을 위해 대학과의 산학 협력이 이루어지고 있다는 점이다. 차세대 인재육성을 위해 주력하는 강남대학교의 참인재대학 프로그램 담당자인 윤성민 교수와 이영석 교수의 주도적인 참여를 통해 시험판 스마트 차트 어플이 개발되었다. 베타버전의 현장 사용을 통해 국제의료봉사회와 개발자들이 자체 테스트 중이다.

이제 새로 참여하는 의료진이 어떤 한센인을 만나든 해당 한센인이 이전에 어떤 치료를 받았고 어떻게 투약 및 관리가 이루어졌는지 알 수 있는 객관적인 데이터들을 열람함으로써 오진과 과잉진료를 방지할 수 있다.

국제의료봉사회의 인증을 통해 접근 권한을 부여받은 의료진들은 스마트폰에 해당 어플을 다운받아 이전의 진료 내용을 열람하고 추가된 내용을 기록한다. 저장된 자료들은 차량에 장착된 인공위성수신장치를 통해 본부 및 필요한 의료진들에게 제공, 실시간 검색과 열람이 가능하게 될 것이다.

이렇게 되면 진료버스와 떨어져 있는 다른 나라의 의료진이라고 하더라도 필요에 따라 진료 상황을 실시간 모니터링하여 원격으로 진료를 지원하는 일도 가능해진다.

아프리카 남수단에 있는 진료버스에서 보내온 환자의 가슴 디지털 X ray 사진을 미국의 뉴욕에 있는 흉부 외과의사가 보고 실시간으로 진료에 대한 소견을 줄 수 있는 것이다. 빠르고 신속하게 그리고 보다 정확하고 다양한 방법으로 환자들이 진료를 받을 수 있도록 하자는 노력인 것이다.

그렇게 얻어진 결과들이 바로 지역 병원의 협진 시스템을 통해 환자들에게 양질의 의료 서비스로 제공되는 것이다. 그렇게 되면 한센환우들이 이 병을 극복하고 완치되는 놀라운 결과를 얻게 될 것이다.

브라질 어느 산속에서 만난 환자의 초음파(Ultra Sono) 사진으로 간암을 발견할 수도 있다. 스마트 환경이 탑재된 차량으로 환자를 검진하게 된다면 엄청나게 빠른 속도로 한센환자들이 보다 구체적인 진료프로그램으로 진입하게 되어 결국 완치되는 날을 보게 되는 것이다. 향후 30년 이내 한센병이 지구상에서 퇴치되는 것, 그것이 우리의 목표이자 간절한 소망이다.

향후 케어버스는 WHO가 보고한 신규 한센발병 주요 13개국을 중심으로 배치, 확산 운영할 예정이다. 진료 버스의 가동과 맞물려 이동 지역의 교회를 사전 연결하여 지역교회가 지역사회의 한센인들을 사랑으로 품고 회복을 소망하며 구체적인 섬김이 흘러가도록 케어버스가 가교의 역할을 감당할 것이다. 첫 번째 시범 운영은 2019년으로 예정하고 있으며 인도 또는 인도네시아가 시범 운영 지역으로 검토되고 있다.

모든 믿는 자들에게 전인적 구원의 은혜를 베풀기 원하시는 하나님은 스마트한 환경을 회복의 통로로 사용할 수 있는 지혜를 우리에게 부어주셨다. 하나님과 우리 사이에서 중보자가 되시는 예수님을 의지하며 서로 사랑으로 행할 때 부디, 우리 시대에 한센인들의 고통이 매듭지어지기를 간구한다. 그리고 이를 통해 하나님의 나라가 분명하게 드러나길 간절히 기도한다.

그대 손과 발이 되어 – 3D 기술 통한 의수족 제작 지원

한센병의 치료 만큼이나 중요한 것이 바로 한센병의 재발 방지이다. 이를 위해서는 외부의 지원이 필요하다. 장기적으로, 해당 한센인들이 자신의 기본적인 삶을 일구어 갈 수 있는 방법을 제안하여 지속적으로 활용할 수 있도록 돕는 것이 좋다.

국제의료봉사회는 인공지능 프로그램을 활용, 3D 기술을 통한 의수족 제작 지원 사역을 준비 중이다. 한센병으로 인해 장애를 갖지 않도록 하거나 최소화하는 것이 가장 좋지만, 불가피하게 신체 일부를 상실하여 기능에 문제가 있을 경우, 해당 한센인들에게 의수 또는 의족을 제작하여 지원하는 것이다. 이것은 장애로 인해 노동력을 상실한 한센인들에게 노동의 기회를 제공하는 일임과 동시에 장애 때문에 사회적으로 받을 수도 있는 기회의 불필요한 박탈 및 상실로부터 해당 한센인을 보호, 그의 일상을 보존하는 일로도

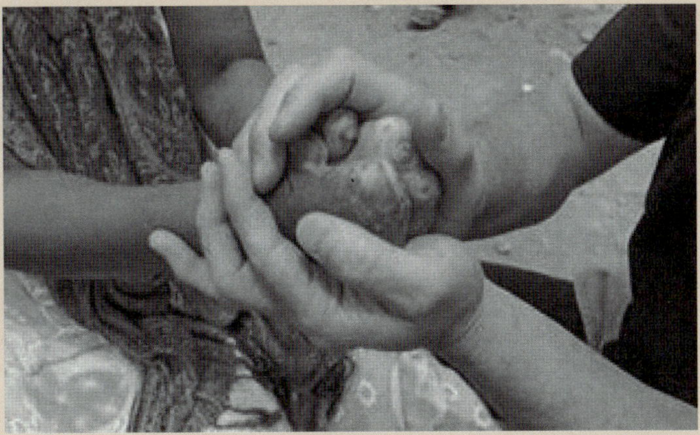

연결된다. 3D 스캐너와 3D 프린터를 이용한 의수족 제작은 각 한센인들의 신체 특성을 보다 정확하게 반영하기 때문에 사용자의 만족도 향상에 기여할 것으로 기대한다. 이러한 지원 사역들을 통해 일상을 회복하고 다시 꿈꾸는 한센인들이 많아지게 될 것이다. 자신의 삶을 세워갈 뿐 아니라, 또 다른 약자들의 삶을 돕고 응원하고 지지하며 격려하는 한센인들이 도처에서 일어나게 될 것이다.

사람의 생각으로는 불가능하지만, 하나님은 주 안에서 이런 일들을 꿈꾸게 하신다. 나는 아픈 자녀를 향해 긍휼함을 가진 아버지의 마음을 품은 자들이 이 일에 동참할 수 있기를 기도하고 있다. 각자의 삶 속에서 십시일반 자신의 몫을 내어 이 일을 감당함으로써 나와 동일한 꿈과 소망을 품게 되기를 기도하고 있다. 전 세계 한센인들이 완전한 회복에 이르는 시간이 어제보다 가까워졌다.

특사(特赦 special amnesty),
특사(特使 special emissary)

어느 날 갑자기 그 어떤 예고도 없이 내 인생에 훅 하고 들어온 사람들이 한센인들인 줄로만 알았다. 잘못 들어왔다고 생각해 내보내고, 또 잘못 들어왔다고 생각해 이번엔 내가 도망가고…. 그런데 그렇게 물리고 또 모른 척을 해도 줄기차게 내 인생에 맞닿아 나를 떠나갈 줄 몰랐다. 그들과 나는 서로 뗄려야 뗄 수 없는 사이였던 것이다. 그걸 몰랐다.

한때는 이 갑작스런 개입 때문에 모든 것이 혼란스럽고 엉킨 것처럼 느껴졌지만, 나는 한센인들과의 수차례 만남을 통해서 비로소 내가 진정으로 의지하고 믿는 것이 무엇인지 알 수 있었다.

인생의 입간판에는 구주 예수님이 버젓이 적혀 있었지만 속내는 달랐었다. 어느 순간 나 자신도 속여 가며 내 인생 내 뜻을 향해 가고 있었던 것이다. 그 사실을 모든 것을 탈탈 털린 저 밑바닥에 가서야 깨닫게 되었다.

그 깨달음의 순간에, 그 과정에 한센인들이 있었다. 살아계신 예수님을 만나 자신의 삶의 중심에, 보좌에 그 분이 실제 좌정해 계신 삶을 살고 있었던 한센인들이야말로 주님의 믿음을 덧입은 신실한 그리스도인이요 진정한 교회였다. 그 삶의 빛이 조용히 나를 투영하자 내 삶이 입만 산 것이었음을 부인할 수 없었다. 바람에 나는 겨처럼 뿌리가 없었고 가벼움에 몸서리가 쳐졌다. 이대로 살 수는 없는 노릇이었다. 그런 나를 주님께서 또다시 건져주신 것이다. 설령 그 분께서 나를 건져주지 않으시더라도 나는 대꾸할 아무런 권한도 가지지 못한다.

그러나 하나님은 다시, 그리고 매번 나를 건져주셨다. 특사! 예정에 없던, 비공식적인 특별 사면이었다. 그뿐 아니라 이전보다 더 새롭게 빚으셔서 한센인들과 이웃할 수 있는, 벗됨을 누릴 수 있도록 특별한 임무를 주어 그 분의 특사로 세상 한 가운데로 보내셨다. 이런 인생은 생각해 본 적조차 없었다.

살다보면 코가 걸려서 어쩔 수 없이 시작한 것처럼 보이는 일들이 있다. 그러나 예수님을 구주로 고백한 인생이라면 어찌 우연이 있을 수 있을까? 결국 모든 것은 하나님의 섭리 가운데 운행되고 자라가고 결실하게 됨을 다시 한 번 고백하게 된다. 그리고 그 삶이야말로 가장 기쁘고 알차며 나에게 뿐 아니라 이웃들에게도 가장 복된 삶이라고 이제야 확신하게 된다.

돌아보건대, 나의 죄를 대신 지시고 놓아주시는 하나님의 사면으로 나는 오늘을 살고 있다. 부족하고 연약하지만 자녀라는 이유만으로 특별한 임무를 주시고 믿어주시는 하나님의 신실하심으로 오늘을 사는 것이다. 그런 선하신 하나님께 따로 구별하여 드릴 것이 없어 그저 주님께 내 귀를 대고 송곳으로 뚫으사 나로 하여금 다시는 하나님 아닌 것을 기뻐하지 않게 하시고, 하나님께서 맡기신 일이 아닌 것들에 마음 두지 않는 인생 살기를 구하고 또 구한다.

이제 하나님의 특별 사면과 특별한 임무를 받은 또 다른 이들과 벗하며 그 길을 가려한다. 그 길 함께 가며 구주를 알지 못하는 사람들에게, 알고도 순종하지 못해 괴로운 이들에게 생명이신 주님의 말씀을 던져 다시 돌이키는 특별한 삶을 살고 싶다. 그렇게 건짐 받은 이들과 또 벗하며 특별한 임무를 함께 감당하는 주님의 몸 된 교회로 지어져 가고 싶다.

사랑한다면 그 분처럼

이 땅에 수많은 그리스도인들이 있다. 그리스도인은 어떤 사람인가? 그리스도인은 함께 더불어 살아가는 사람들이다. 그리스도인은 머리가 되시는 그리스도와 연합하는 동시에 다른 형제 자매가 자신과 마찬가지로 그 몸의 지체됨을 인정하는 자들이다.

그리스도인은 지체들과 자신을 둘로 여기지 않는다. 서로에게 결점과 흠, 설령 치명적인 약점이 있을지라도 있는 그대로 인정할 뿐 아니라 삶을 오픈하고 나누며 '그럼에도 불구하고' 사랑하는 자들이다. 이것은 실로 쉽지 않을 뿐 아니라 어려우며 시대의 풍조를 따라보면 불가능하거나 불필요하다고까지 여겨진다.

그러나 하나님은 분명 이 길로 우리를 부르셨다. 하나님을 사랑하고 네 이웃을 네 몸과 같이 사랑하라는 부르심, 원수를 사랑하라는 부르심이다.

구원받은 하나님의 백성들이 예수 그리스도를 머리로 모인 교회가 그리스도 안에서 서로를 향한 끝없는 용서와 관용으로 살아낼 때, 진정한 화해를 경험하게 된다. 복음이 복음으로 드러나는 순간이다. 세상은 어느 때보다 복된 소식에 갈급함을 느끼고 있다. 지금 교회가, 하나님 나라 백성들의 삶이, 세상을 향해 복음을 복음으로 전달하는 통로의 역할을 제대로 감당하고 있는지 자문해 볼 때이다.

그리스도는 친히 이 땅에 오셔서 모퉁이돌 되기를 자처하셨다. 그러나 아직도 그리스도인을 자처하는 수많은 자들이 그 모퉁이 돌에 연결되기보다 스스로 성을 쌓는 우를 범하고 있다. 지금 나의 삶에 예수님이 모퉁이 돌이 되셔서 우리 모두가 하나님께서 거하실 성전이 되고 있는지, 아니면 예수님이 우리에게 버려진 돌이신지 스스로를 돌아보아야 한다. 모든 이들의 종이 됨으로써, 특별히 가난하고 소외되며 병들고 귀신 들렸던 낮고 천한 자들의 종을 자처하심으로 하나님 나라가 임하고 드러나게 하셨던 예수님처럼, 사랑하되 배신할 줄 알면서도 끝까지 사랑하신 예수님처럼 사랑할 때, 사망과 죄의 저주가 비로소 힘을 잃는다.

그리스도께로 시선을, 초점을, 마음을 드리자. 다시 하나님의 약속, 모든 민족과 모든 족속과 모든 열방에게 복음이신 예수 그리스도가 전파될 것이라고 하셨던 그 약속에 "예"라고 끝까지 화답할 수 있도록 예수 그리스도 안에 거하자. “예”로 화답했다면 함께 교회 밖으로 나가자. 그곳은 어두운 세상이다. 우리가 그 곳으로 나가는 이유는 그곳에 우리를 만나야 살 수 있는, 강도 만난 자들이 있기 때문이다. 죽음과 맞닿아 있어 돕는 이가 당도하지 않고서는 살아날 길이 없는 자들이 존재하기 때문이다.

예수 그리스도의 십자가 구원의 은혜를 입은 자들만이, 하나님과 화해를 경험해 본 자들만이, 함께하는 공동체를 통해 이해와 용납, 용서를 주고 받아본 적이 있는 자들만이 아버지 하나님의 마음, 즉 긍휼을 입고 나아갈 수 있다. 아버지의 마음을 헤아려 강도 만난 자들을 긍휼히 여기며 자신에게도 요긴한 것이지만 그럼에도 그것을 꺼내 포도주와 기름을 부어 상처를 정결하게 하고, 자신의 옷을 찢어 붕대를 싸맬 수 있다. 이제껏 자신의 소유였던, 자신의 자리였던 나귀의 안장을 강도 만난 자에게 기꺼이 내주며 자신은 고단한 걸음 걷기를 마다하지 않게 된다. 그가 의식을 차릴 때까지 곁을 지키느라 시간을 내어 밤을 지새울 뿐 아니라, 늦어버린 자신의 걸음을 재촉해야하기에 이른 새벽을 깨우는 수고 또한 감당하게 될 것이다. 그리고 그와 헤어지는 순간에조차 두 데나리온을 주막 주인에게 내어 맡기며 모자라면 돌아오는 길에 모두 다 갚겠노라 끝까지 그를 책임지는 삶을 살게 될 것이다. 바로 “친구됨”, “이웃됨”, “가족됨”의 의미요, 삶인 것이다. 오직 하나님의 백성들인 교회만이 감당할 수 있는 삶이다.

산위에 있는 동네는 숨길 수가 없고 등불은 켜서 탁자 밑에 두는 법이 없다. 하나님께서 세우신 교회가 그리스도 안에서 "예"라고 화답하며 행동할 때 세상을 향해 빛이 반짝여진다. 빛을 발한다. 그때 우리의 모든 삶은 하나님께 영광이다.

일상, 사랑을 행하는 자리

일 년에 한 두 차례 전도와 선교를 계획하고 때가 되어 그 곳으로 찾아가 이웃을 섬기는 삶은 물론 귀하고 선하다. 그 과정에서 샘솟는 기쁨은 쇼핑이나 승진, 취업이나 내 집 마련의 기쁨과는 차원이 다르다. 이 기쁨은 참으로 순전하다. 누군가를 섬기기 위해 시작된 걸음이지만, 복음과 함께 지나는 그 시간들을 통해 내가 예수님을 더욱 깊게 맛보게 되기 때문이다.

여전히 자신의 삶이 하나님의 섭리 안에 있음을 깨닫는 것은 무엇과도 바꿀 수 없는 평안이다. 누군가를 섬기려 시작한 일이지만 결국 우리는 섬김을 받는 사람들보다 더 큰 은혜를 맛보게 된다. 하나님의 선물이다. 최고다!

이런 놀라운 일들을 일회적으로, 한시적으로 행하고 누리길 원하는가? 우리를 향한 하나님의 뜻은 우리의 일상이 이러한 기쁨과 평안으로 가득차고 넘치는 것이다. 매일 매일 예수님이 우리의 삶에 주님 되심을 기억하며 그 분과 호흡하길 바라신다. 예수님을 통해 우리의 삶에 구원을 베푸신 왕 되신 하나님께 사랑으로 화답하기를 원하신다.

그 증거가 '서로 사랑'하는 것이다. 본질적으로 육신을 입고 있는 사람이 다른 사람을 사랑하는 일은 불가능하다. 그러나 예수님의 사람이라면 얘기가 달라진다. 그는 이전과는 전혀 다른 형질로 새롭게 빚어진 그리스도인이기 때문이다. 주님이 다시 오실 그 날까지 예수님의 신실하심과 거룩하심으로 자신을 단장하는 그리스도의 신부로서의 삶을 살아갈 텐데 그 중심엔 '사랑'이 있고 '행함'이 있다. 만약 지금 누군가를 사랑하는데 어려움을 겪고 있다면 그것은 내가 주님과 동행하고 있지 않다는 증거다. 다른 무엇을 하기 전에 주님께로 돌아가 주님 안에 거해야 한다. 주님을 떠나서는 결코 사랑할 수 없기 때문이다.

사랑을 행하는 일들에 있어 크든지 작든지 같은 구분은 무의미하다. 높낮이의 구분도 없다. 다만 지금 내 눈 앞에 보이는 사람을 사랑할 수 있는 사람이 보이지 않는 존재도 품고 사랑할 수 있는 법이다. 내가 발 디디고 서 있는 자리에서 작은 일부터 충성을 다하는 사람이, 나중에 맡겨지는 크고 막중한 임무의 일들까지도 감당할 확률이 커진다. 이것이 순리다.

예수님은 하나님을 사랑하고, 네 이웃을 네 몸과 같이 사랑하라는 사명을 우리 모두에게 주셨다. 그 사명은 지상명령이다. 이 명령을 온전히 성취하기 위해 우리는 주 안에서 성령을 힘입는 동시에 부단히 우리의 의지를 주께 굴복하며 사랑으로 행하기를 반복해야 할 것이다.

천릿길도 한걸음부터다. 발 디디고 서 있는 자리에서, 호흡하는 일상에서 내 눈에 보이는 이웃을 품을 때, 이후 지경이 넓어져가며 더 많은 이웃들, 더 다양한 이웃들을 품고 섬길 수 있게 될 것이다. 공중 새들이 깃들만한 넉넉한 나무가 되는 것이다.

지금 내가 할 수 있는 것들이 있는가? 작은 것들이어도 괜찮다. 하나님은 내가 어떤 종류의 그릇인지보다 그 마음의 중심이 얼마나 깨끗한지를 주목하여 보신다. 예수님의 발에 순전한 나드를 부어 마음 속 사랑을 확증하였던 여인처럼 우리가 일상 속에서 마음을 다해 사랑을 행할 때, 우리를 통해 살아계신 하나님의 나라가 드러나게 될 것이다.

즐거워하는 자들과 함께 즐거워하고 우는 자들과 함께 울라 (롬 12:15)

한국기독교한센인선교회

1970년 2월 설립된 한국기독교한센인선교회는 구라회라는 이름으로 더 유명하다. 구제할 구(救)에 나병 라(癩). 나병으로부터 구제한다는 의미다. 또한 '구라(救癩)'에 '선교'를 덧붙인 구라선교는 한센인 선교를 가리키는 용어이기도 하다. 1970~80년대까지만 해도 한국교회의 구라 선교 열심은 매우 큰 것이었다.

구라회 또한 한국교회 한센인 선교의 최전선을 담당해왔다. 한센인 정착촌에 양로원 등을 건립했으며 다양한 의료 선교 활동을 벌였다. 이 단체가 그동안 치료에 관여한 직·간접적인 한센인은 25만 8천여 명에 달한다. 1971~1988년에는 한센인 선교 공로자에게 '한국구라상'을 시상하기도 했다.

그러나 90년대 들어 한국내 한센인 신규 환자 숫자가 급감하자 구라회 또한 국내 선교의 필요성이 줄어들게 되었고 사실상 2010년 즈음엔 단체를 해산하는 쪽으로 중론이 모아지는 분위기였다. 그러나, 이 즈음 이 단체의 박경진 이사장님의 제안으로 단체는 새로운 국면으로 전환하게 되었다. 한국은 한센병이 퇴치 단계에 이르렀지만 전세계에 2천만에 달하는 사람들이 한센병으로 인한 고통 속에서 아무 대책 없이 절망하고 있다는 데 주목했다. 복음을 통해 한센인 퇴치의 기적을 먼저 맛본 자로서 이제 한국을 넘어 세계의, 열방의 한센인들을 섬길 책임이 바로 구라회에 있음을 절감하게 되는 지점이었다. 사명이 완수되어 해산을 앞두고 있던 단체는 새롭게 부어지고 주어진 원대한 하나님의 비전 앞에서 이름을 바꾸게 된다. 수십년의 구라 선교 경험을 돌아볼 때 우선, 나병이나 문둥병이라는 단어 자체가 한센인들에게 상처가 되는데다 사어가 되었고 한센병이라는 단어가 이를 대체한 지 오래된 점을 반영해 "한국기독교한센인선교회"라는 이름으로 새로운 항해를 시작한다.

현재 한국기독교한센인선교회는 국제의료봉사회와의 동역을 통해 중국과 인도, 인도네시아 한센인들의 전인적 회복을 위한 다양한 사역을 총체적으로 기획, 지원하고 있다. 한센인 치료와 예방을 위한 지역 의료 기관의 설립, 사각 지대의 한센인들을 찾아내 응급 치료들을 진행하고, 해당 지역 의료 기관과 환자를 연계해 지속적인 치료를 받도록 하는 케어버스 운영, 한센인과 비한센인의 이분

법적 사고를 넘어 하나가 되어 서로를 이해하고 함께 더불어 살아가기를 소망하는 '소풍 세상 밖으로' 프로젝트들을 함께 섬기고 있다. 이 모든 사역들과 프로젝트들을 통해 전세계 2천만 한센인들에 대한 인식이 새로워질 뿐 아니라, 회복을 위한 다양한 활동들에 수많은 사람들이 참여할 수 있도록 지평을 넓히고 실제 기회들을 제공하는 일선에 한국기독교한센인선교회가 있다.

한국기독교한센인선교회는 꿈꾼다. 예전 조선에, 대한제국에, 한국에 한센병이 창궐하던 시절, 수많은 외국의 선교사들이 본국의 교회와 성도들의 후원으로 우리네 약자들을 조건없이 섬겨줌으로 이 땅이 회복되었던 것처럼 작금의 우리 교회들 또한 이제 그리스도 안에서 열방의 한센인들을 지체로, 가족으로 품고 그 분의 사랑을 베풀어주기를 말이다. 한국기독교한센인선교회는 오늘도 그 날이 멀지 않았음을 소망으로 취하며 교회를 통해 전세계 2천만 한센인들이 고통과 슬픔을 일으키는 죄의 결박으로부터 풀어져 자유롭게 될 날을 꿈꾼다.

한국 IDEA 협회

협회 설립 24주년을 맞이한 한국IDEA는 다양한 선교사업, 교육사업, 인간성 회복 운동을 전개하는 국제단체이다. 한국IDEA협회장이자 국제IDEA협회장인 정상권 회장은 24년 전, 전세계 2천만 한센인들의 경제적 자립과 인간 존엄성 회복을 위한 목적으로 협회를 만들었다. 이후 수많은 교회와 성도들이 이 일에 동참하여 국내를 넘어 해외의 다양한 국가와 지역을 방문, 어렵고 척박한 환경에서 고군분투하는 사람들을 만나 이웃됨을 실천하고 있다.

국제의료봉사회가 한센인 사역에 있어 역사와 전문성을 가지고 있는 한국IDEA 협회의 자문에 힘입어 인도 한센인 공동체 자립에 많은 도움을 주었음은 앞서 서술한 바 있다. 특히 구제와 개발 사이에서 자칫 의존성이 짙어지기 쉬운데 장기적인 계획을 가지고 주민 스스로 문제의식과 해결의 과정들을 실제 체험함으로 자립의 의지와 방법들을 익힐 수 있도록 2017년 6월 바르구르에서 워크숍을 주관해 줌으로 많은 유익을 누릴 수 있었다.

한국 IDEA 협회는 한센인 외에도 극빈층 아동들을 위한 장학금과 무료 급식 지원, 생필품 나눔 사역 등을 통해 사각지대의 연약한 이웃들을 찾아가 섬기며 하나님의 형상으로서의 존엄성 회복 및 성경적 가치 확산에 주력하고 있다. 한국 IDEA 협회가 가지고 있는 하나님의 비전과 사역의 지혜들이 인도 뿐 아니라 한센병 환자들이 발병하는 다양한 나라의 사역자들과 일꾼들에게 흘러갈 때, 지구상 한센병의 종식이 보다 앞당겨질 것이다. 병으로부터의 자유, 가난으로부터의 자유, 고통스러웠던 과거의 모든 경험으로부터의 자유가 한센인들에게, 한센인들의 가족들에게 차고 넘치게 부어져 회복이 필요한 또 다른 이웃들에게 가장 복된 소식(Good News)으로 전해질 것이다.

광교좋은교회

광교좋은교회(전진배 담임목사)는 2016년 1월 교회 개척을 선포하고 복음의 불모지인 광교 땅에서의 교회 설립을 꿈꾸며 기도회를 시작했다. 판교에서 헌신된 집사님이 회사 사무실을 내어 주어 그곳에서 개척 준비 모임을 갖게 된 것이다. 6개월간의 기도회를 갖고 드디어 상현역 인근 상가의 일부를 임대하여 개척을 시작한 교회이다. 비록 막 개척한 교회이기는 하지만 하나님의 지상 명령인 선교와 전도를 늦출 수도 멈출 수도 없는 상황이었다.

개척 초기 어렵지만 바르구르 방과 후 학교를 위한 공간 마련을 위해 조그마한 액수의 헌금을 하게 된다. 성도들의 기도와 마음을 담은 헌금이 바르구르로 전해진 덕분에 교회 건물 2층을 증축, 학교를 마치고 돌아온 아이들이 모여 지낼 공간을 만들 수 있었다. 너무나 귀하고 소중한 일이다.

날마다 학교 끝나면 아무 일이 없어 그냥 소일만 하던 아이들이 이제 교회에서 방과 후 학교를 하니까 학교가 끝나자마자 이곳에 와서 머물게 된 것이다. 물론 수업 후 간식도 이들을 머물게 하는 중요한 요인이 되었을 것이다. 사실 이곳의 아이들에게 점심은 상상할 수 없고 학교 다녀와서 특별히 시간 보낼 만한 방법이 없었다. 하지만 이제는 학교 수업이 끝나자마자 달려온다. 이곳에서 영어수업과 또 다른 가르침이 있기 때문이다. 하루하루가 변해가는 이들의 모습을 볼 때 이 일이 얼마나 중요한 일인지 다시금 새롭게 확신하게 된다.

광교좋은교회는 개척교회로 스스로도 여러 가지 어려움이 많다. 하지만 주님이 기뻐하시고 원하시는 일에 먼저 반응하게 된 것이다. 다음세대를 위한 교육을 중점적으로 사역하는 교회로 바르구르 복음교회 어린이들을 방관할 수 없기 때문이다. 그래서 방과후학교를 할 공간마련에 헌금을 하게 된 것이다.

인도 바르구르를 함께 방문해 주셨던 동역자

인도 한센인 공동체 바르구르를 처음 만났던 2014년 이래 2018년 2월까지 총 여섯 번에 걸쳐 바르구르를 다녀왔다. 돌아보면 우리가 어떤 계획을 세웠기 때문이 아니었음을 인정하게 된다. 바르구르의 회복을 위해 참으로 많은 필요들이 있었다. 이것은 어떤 한 사람이나 단체에 의해 채워질 수 있는 규모나 성격이 아니었다. 애초부터 깨달은 바여서 국제의료봉사회 또한 이 모든 필요들을 우리 스스로 채워보고자 애쓰고 수고하는 어리석음으로부터 놓임을 받을 수 있었다. 다만 어떤 필요들이 현재의 우선순위인지를 결정하기 위해 늘 하나님의 생각을 분별하는 일에 중점을 두었다. 그렇게 분별이 될 때 즈음이면 그 일에 합당한 사람들이나 기관들이 동역자로 잇대어지기 일쑤였다.

그렇다고해서 우리가 기도만 하고 가만히 앉아있는데 그 분들이 우리를 찾아 동역을 제안했던 것은 물론 아니었다. 대부분 우리가 먼저 찾아가 취지와 목적, 방향과 방법들을 여러 차례 설명하고 제안해 동역이 이루어지는 형태였다. 일개 작은 사단법인 하나가 무슨 신뢰도가 있었을까? 인원이나 단체의 재정적인 능력, 단체가 보유한 업적들을 보더라도 열심히는 달려왔으나 세상적으로 내세울 만한 것이 별로 없었다. 그런데도 많은 분들이 우리의 제안에 흔쾌히 동역을 결정해 주신 것은 하나님의 섭리가 아니고서는 설명할 길이 없다. 우리는 이러한 잇대어짐을 하나님의 재차 응답하심과 격려로 알고 6차까지의 인도 방문을 준비·진행해 왔다. 우리와 하나가 되어 기꺼이 인도로 발걸음을 옮겨 주 안에서 한센인들과 하나가 되어준 친구들이다.

1차(2014년 6월) 올림픽병원, 분당우리교회, 횃불트리니티신학대학원대학교

2차(2015년 1월) 라파플러스의원, 인도 해비타트, GCM(Global Crossroad Movement)

3차(2015년 7월) 라파플러스의원, 광교좋은교회, 크로스포인트교회(미국 새크라멘토 소재)

4차(2016년 11월) 한국기독교한센인선교회, 라파플러스의원, 씨앗국제학교

5차(2017년 4월) 한국기독교한센인선교회, 라파플러스의원. 국민

일보, 전농감리교회, 무지개언약교회, 꿈이있는 미래교회, 한국신학교, 참빛교회, 개인후원자들

6차(2017년 6월) 라파플러스의원, 한국 IDEA 협회

7차(2018년 7월) 라파플러스의원, 서울여대, 강남대학교 참인재대학

다시 돌아보아도 그럴 수 없는 가운데 꾸려져 주 안에서 하나로 지어져간 소중한 그리스도의 몸임을 고백하게 된다. 모든 분들이 귀하고 또 귀하다. 그런 중에도 더욱 눈길이 머무는 동역자, 더 많은 격려와 중보가 필요한 동역자가 있는데 바로 씨앗국제학교이다.

2017년 7월 1일 개교한 씨앗국제학교는 대안이 아닌 원안을 추구하는 학교다. 교육에 있어 원안은 다름 아닌 성경, 말씀이신 예수 그리스도를 뜻한다. 말씀에 기반을 둔 참교육, 말씀대로 살아내는 참스승들을 통해 무력이 아니라 사랑으로 세상을 구원하신 예수님의 창조적 사랑이 학교 안에서, 관계 속에서 체화되기를 바라고 있다. 학생 한 명 한 명이 성적의 우열로 대변됨이 이상하게 여기지지 않는 이 시대의 조류 속에서 씨앗국제학교는 그것이 사실이 아님을 온 몸으로 보여주고 있다. 아이들 하나 하나마다 하나님께서 부여하신 고유한 빛이 있음을 믿음으로 취하며 그 빛을 찾아내 닦고 빛을 발할 수 있도록 교사와 학생, 학부모가 주 안에서 하나되기를 힘쓴다. 그 빛은 세상을 향한 빛이다.

씨앗국제학교와의 동역은 인도 3차 방문을 시작으로 인도네시아

1차 방문으로까지 이어진다. 인도 3차 방문 때는 이사장님과 학교장님이 동행하여 의료 및 교육 사역에 동역하며 한센인들의 삶을 이해하는 시간을 가졌다. 이후 1년여가 지나 씨앗국제학교가 정식으로 개교하면서 학교의 정식 교과로 편성되어 씨앗국제학교 학생 전체가 인도네시아로 봉사를 떠나 한센인들의 삶에 잇대어지는 경험을 하게 되었다.

신은 없다, 신은 죽었다는 사상이 팽배한 혼탁한 세류 한가운데서 여전히 하나님 외에는 다른 신이 없으며 하나님을 사랑하고 하나님께서 맡겨주신 이웃들을 자신의 몸과 같이 사랑함을 사명으로 선포하며 준비하는 씨앗국제학교! 우리는 믿는다. 이 씨앗들이 발아하여 어린 잎을 내고, 곧 줄기가 자라며 머지않아 아름다운 꽃을 피우게 될 것을! 비바람도, 뜨거운 태양도 만나겠지만, 그리고 안타까움 속에서 만개를 지나 꽃잎을 떨어뜨리게 되겠지만, 마침내! 세상 무엇과도 비교할 수 없는 열매를, 풍성한 열매들을 맺게 될 것을 기대하고 또 기도한다. 창조주 하나님께서 특별한 목적과 뜻을 담아 이 땅에 세우신 씨앗국제학교를 하나님께서 자라게 하실 것을 우리는 믿는다. 이 아이들을 통해, 이 아이들이 맺어가는 열매들을 통해 한센인들이, 그리고 한센인들과 같이 연약한 우리의 이웃들이 다시금 기운을 얻어 자리에서 일어날 일들을, 그 자리가 기쁨의 노래를 부르는 자리가 될 것을 알기에 소망을 품고 기다린다.

한 달란트 기도회

여러 동역자들과 인도와 인도네시아를 단기로 방문하고, 온라인 메신저와 미디어를 통해 현지 사역자들과 소통하며 한센인 공동체에 하나님의 나라가 드러나기를 소망하는 일들이 계속되었다. 그 일이 더해질수록 섬기는 우리들이 하나님께서 부어주시는 긍휼을 잃지 않아야 한다는 생각과 한센인들을 섬김에 있어 우리의 방법과 때가 아닌 하나님의 방법과 때를 구하며 움직여야 한다는 마음이 강하게 들었다. 하나님의 생각이 우리의 마음을 가득 채우는 일, 그리고 그 힘으로 우리의 손과 발이 움직이게 되는 일. 오직 기도 뿐이었다. 우리가 충만하지 않는데, 우리가 소유한 기쁨이 없는데 무엇으로 어떤 이를 섬기며 세워갈 수 있을까? 기도하지 않는다면 시간이 흐르며 사람이 보기에 좋은 지혜를 하나님의 생각이라 치부하며 스스로 사역을 세워가고 견인해 갈 것이 불 보듯 뻔했다.

2017년 7월18일. 분주한 역삼동 먹자골목 끝에 자리한 감람교회 소예배실에 예닐곱 사람이 모였다. 국제의료봉사회와 한국기독교한센인선교회 그리고 친구들이었다. 저녁 예배가 희귀한 화요일 저녁, 우리가 그 곳에 모인 이유는 단 하나였다. 하나님을 예배함! 하나님을 예배하는 기쁨이 근원이 되어 한센인들에게 다가갈 때 비로소 우리가 복의 근원이신 하나님을 그들의 삶에도 잇대는 특

권을 누리게 될 것이라 기대하며 작지만 간절한 기도회를 시작하게 된 것이다.

화려한 찬양팀도 유명한 설교자도 아닌 평범하고 소박한 모임이었지만, 이 모든 사역의 주권을 하나님께 드리며 오직 평범한 우리들을 통해, 한국의 교회가, 세계의 교회가 일어나 전세계 2천만 한센인들을 섬길 그 날을 소망하며 예배를 시작한 것이다.

한 달에 한 번, 매월 셋째주 화요일 저녁 6시반이면 역삼동 감람교회 소예배실에서 어김없이 올려지는 한 달란트 기도회! 첫해엔 열두 달 중, 절반에 해당하는 여섯 번을 기도회로 모이는 은혜를 입었다. 그 사이 참으로 많은 동역자들을 하나님께서 보내주셨음을 확인하게 된다. 급감한 한국내 한센인 선교 사역으로 인해 활동이 주춤했던 한국기독교한센인선교회 회원분들이 전세계 2천만 한센인들의 전인적 구원을 부르짖는 한 달란트 기도회로 모이기 시작했다. 이런 저런 이야기들을 듣고 특별 정기 연주로 예배를 섬겨주신 서울우림교회 드림만도린팀도 잊을 수가 없다. 기도회가 시작되고 얼마 지나지 않아 목회자 연장 교육 차 한국을 방문했던 인도 바르구르 다니엘 라주 목사님의 생생한 나눔도 감사가 아닐 수 없다. 주께서 바르구르를 지금 이 시간에도 새롭게 빚어가고 계심을, 수많은 변화들이 그 분의 손에서 바르구르로 부어지고 있음을, 우리와 이 기도회가 그 일에 분명한 통로가 되고 있음을 선포할 때 큰 감동이 있었다. 큰 격려가 되었다.

2018년 7월, 한 달란트 13차 기도회를 앞두고 있는 지금도 우리 모임에 모이는 숫자는 많아도 평균 15명 내외다. 그러나 우리는 다시금 하나님의 약속을 기억한다. 두 세 사람이 내 이름으로 모인 곳에 주님께서 함께 계신다는 약속(마 18:20)을 기억한다. 그리고 매달 함께 모일 때마다 풀어지는 말씀을 통해 더욱 분명해지는 하나님의 비전 앞에 세워진다. 우리가 주님 안에 있는 한 그 모든 약속들은 "예"라는 순종의 고백이 되고, 성령님은 그런 우리를 말씀에 순종케 하심으로 우리의 모든 것들이 하나님께 영광을 돌리는 일들이 되도록 도우신다. 참으로 작고 또 작은 모임이지만 전세계 2천만 한센인들의 치유와 회복을 위한 마중물로 마지막 한 방울까지 사용된다면 그보다 더 큰 인생의 특권이 어디 있으랴.

강남대

신대원 공부할 때 설교학을 강의해 주셨던 윤성민 교수님과 학교를 졸업하고서도 지속적인 연결이 있었다. 아직 강남대에 부임하시기 전으로 기억한다. 국제의료봉사회에 대해 소개하고 기도를 요청하고 싶은 마음이 늘 있었다. 강남대학교에 부임하게 되신 후 더 다양한 루트를 통해 교제를 나누고 있을 때, 기독교학과 학생들을 위해 일일특강을 요청하셨다. 그리고 우리 단체의 비전을 나누는 과정에서 앞으로 펼쳐진 '스마트 차트'에 대해 꿈을 나누던 중 이 일이 산학 협력이 되어 선교사역에 기여가 되었으면 한다는 결론에 이르게 되었다. 그래서 강남대학교 내 '참인재대학'의 이념을 추구하며 학교 발전에 기여하는 팀이 있다고 했고 바로 그 팀이 윤성민교수와 이영석교수가 '스마트 차트'를 개발하는 것에 적극적으로 협력하면서 산학 협력이 이루어지게 됐다.

'스마트 차트'는 '케어버스(Care Bus)'에서 전술한 것처럼 각 나라마다 배치된 진료버스가 의료환경으로부터 멀어진 한센인 환자를 찾고 찾은 환자들을 지속적으로 관찰 치료하면서 제도권 의료환경으로 진입시켜 완치되도록 하는 것이 목표이다. 환자의 기록을 유지하는 것은 한센인 치료와 회복을 위한 매우 중요한 도구인 것이다. 이 일을 강남대와 연합해 프로그램을 개발하고 협력하는 것은 매우 이례적이며 또 젊은 학생들에게는 미래의 인류 평화를 위

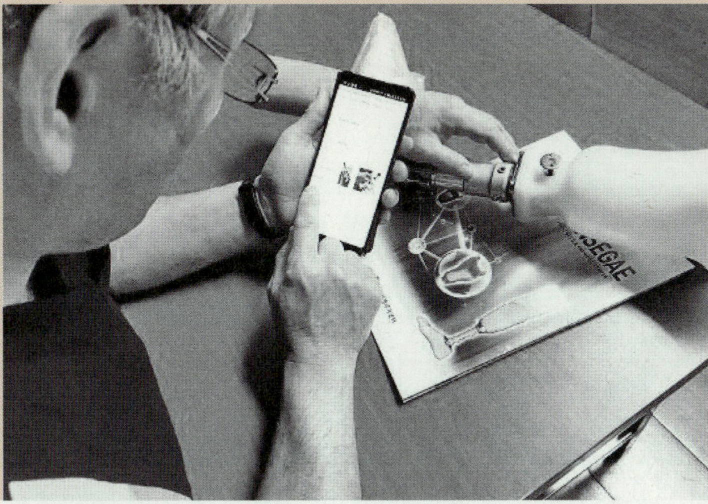

해 지대한 공헌을 하게 된다는 자긍심을 심어 줄 수 있어 교육효과도 매우 크다고 할 수 있다.

스마트폰 카메라를 통해 QR코드나, 미리 제작하여 소지하게 된 진료카드의 정보를 읽게 되면 그 환자의 현재 기록들을 보게 된다. 어떤 의료인이나 의료 선교사가 어느 지역을 가더라도 이미 등록된 환자라면 과거의 진료 기록을 보면서 환자를 치료할 수 있게 된다. 이를 통해 중복 투약이나 잘못된 처방과 처치를 할 위험 요소가 없어지기 때문에 환자에게는 매우 지속적이며 유용한 관리 툴(Tool)이 될 것이라고 생각한다. 반드시 만들어져야 하고 빠른 시간 안에 모든 한센인들이 등록이 될 수 있도록 해야 한다. '스마트차트'와 '케어버스(Care Bus)'를 통해 만나게 될 한센인들이 기대된다. 그리고 수년 내에 한센병이 완치되는 그날을 꿈꾸게 되면 잠을 이룰 수 없다. 하나님의 꿈은 우리를 춤추게 한다.

호주 맥킨지 선교회

자카르타 시타날라 한센인 선교를 하는 동안 함께했던 함선교사가 호주의 크리스챤리뷰 권순형 대표님을 소개해 주셨다. 한번도 연결해본 일이 없기에 조금은 조심스러웠지만 2017년 10월 30일쯤 호주를 방문할 일이 있어 권대표님께 연결하게 된 것이다.

연결의 이유는 이렇다. 우리 단체를 호주 교회에 소개할 기회를 열어 달라는 요청인 것이다. 잘 알지도 못하고 처음 본 분에게 대뜸 호주 교회를 연결해서 내가 방문하는 기간 동안 교회에서 한센인 사역을 소개할 기회를 만들어 달라는 매우 이례적인 부탁이다. 조금은 무례할 수도 있었다.

마침 권순형 대표님이 서울에 오는 것을 계기로 서울에서 만나 상황을 설명하고 대화를 하였다. 그리고 호주로 복귀하시더니 연락이 왔다. 시드니 주안교회, 시드니주안 UTS교회 등과 연결하여 주일 설교를 하도록 일정을 잡아 주신 것이다. 나는 더 욕심을 내서 10년 넘게 연결하고 있었던 피터 박 선교사님께 연락해 방문 기간 동안 교회를 연결해 달라고 간청했다. 그래서 시드니 순복음교회가 연결된 것이다. 사실 호주 방문 일정은 우리 부부의 결혼 30주년 기념 여행이 계기가 되었다. '이왕 가는 것 주님의 일을 위해서 호주 방문이 되도록 해주세요' 하는 기도를 드렸었다. 호주의 첫 방문은 그렇게 이루어졌다.

크리스챤리뷰지 권순형 대표의 따뜻한 환대를 받으며, 호주맥킨지한센인선교회에 대해서 듣게 되었다. 멕킨지 선교사는 1910년부터 1939년까지 29년 동안 부산에 머물면서 600여 명의 한센인을 수용하는 상애원을 만들어 우리나라 한센인의 치료와 회복을 위해 헌신했다고 한다. 또한 여동생 둘이 함께 동역하여 오늘 날의 부산 일신병원을 세우는 설립자가 되었다고 한다. 1889년부터 2018년 현재까지 호주에서 우리 대한민국으로 파송된 선교사 수가 130명이나 된다고 한다. 그리고 현재도 호주 교회에서 파송한 선교사가 활동하고 있다니 놀라지 않을 수 없었다.

그런 선교적 역사 속에서 오늘날 한국을 비롯하여 인도네시아와 인도, 아시아와 아프리카 여러 나라에 지속적으로 활동을 하고 있다는 것은 매우 주목할 만한 일이다. 그중에서 인도네시아 자카르타의 시타날라 한센인 마을의 관심과 동역은 하나님의 이끄심이다. 호주와 한국에서 만나 한센인을 향한 하나님의 꿈을 나누면서 이 사역이 더 확대 되어야 하고 멈추어서는 안 된다는 확신을 갖게 되었다.

앞서 헌신한 선교사들의 헌신적 섬김과 희생이 기초가 되어 이제 세계 모든 나라가 한센병 종식을 선언하고 그리스도 안에서 온전한 회복을 이루어 냈음을 세계 만방에 선포할 그날을 기대하게 된 것이다.

한국국제의료보건재단

한국국제보건의료재단은 이종욱 제6대 WHO 사무총장의 뜻을 모아 개발도상국, 북한, 재외동포 및 외국인 근로자, 해외 재난민에 대한 정부 차원의 보건의료지원사업을 수행하기 위해 2006년 설립된 보건복지부 산하 공공기관이다. 이종욱 박사는 세계 보건 의료의 소외된 이웃을 향해 헌신적인 수고와 노력을 아끼지 않은 분이다. 의료 선진국으로 발전된 우리 나라의 의약 산업과 의료 기술들을 개도국에 보내는 등 지원하여 세계 보건 환경 개선에 노력을 기울였다. 많은 제약사와 의료 기술 및 병원에서 의사와 의료진들이 상호 교류 협력하는 새로운 장을 열기도 하였다. 그 중의 하나가 재난이나 국가적 위기 상황에서 의료기술과 약품을 지원하는 등 상호 협력하는 국제협력 프로그램이다. 이를 통해 많은 나라에 의약품과 의료 기술 지원이 이루어져 인류의 보건환경 개선에 크게 기여했다.

우리 단체도 이런 맥락에서 한국국제보건의료재단과 협력하면서 많은 의약품과 기술 지원을 받게 되는 협력을 이루어 내기도 했다. 앞으로도 더 많은 지원이 이루어 질 것이라고 기대한다.